Gene Hart

Aufbruch ins Unbekannte

Bewusstseinserweiterung durch Klarträume und Astralreisen

93055 Regensburg

E-Mail: mail@reichel-verlag.de

www.reichel-verlag.de

Cover-Gestaltung: Christian Wolf – www.artworkersdesign.de

ISBN 978-3-910402-05-8

„So wie das Licht die Dunkelheit erhellt, so möge sich euer Bewusstsein erleuchtend ausdehnen, um das Unbekannte bekannt zu machen.“

Haftungsausschluss

In diesem Buch habe ich Tipps und Ratschläge zusammengestellt, die sich mit den Fragen, die mir von Hunderten von Menschen gestellt wurden, befassen. Ich bemühe mich auf diese Probleme, die so viele Menschen teilen, einzugehen. Bitte bedenken Sie, dass es sich hierbei um meine ganz persönlichen Empfehlungen handelt, die auf meinen subjektiven Erfahrungen basieren – sie sind nicht allgemeingültig und müssen nicht auf jeden zutreffen.

Es geht mir nicht darum, jemanden davon zu überzeugen, dass das Phänomen der außerkörperlichen Erfahrung (AKE) real ist. Auch möchte ich keine Überzeugungen infrage stellen. Das multidimensionale Universum ist eine Realität der Natur, die wir alle direkt erfahren können, unabhängig von unserem Glauben. Mit diesem Buch möchte ich meine Erkenntnisse mit Interessierten teilen und ihnen helfen, AKE selbst zu erleben.

Ich verspreche nicht, dass das hier vermittelte Wissen die Probleme löst, mit denen Sie derzeit zu kämpfen haben, oder dass Ihnen durch die Lektüre dieses Buches außerkörperliche Erfahrungen zuteilwerden. Dies ist möglich, es muss aber nicht so sein, letztlich hängt dies von vielen persönlichen Faktoren ab.

Im besten Fall lade ich Sie dazu ein, meine Perspektive kennenzulernen, auf Ihre Intuition zu vertrauen; und sich inspirieren zu lassen. Im Fall von Fragen finden Sie am Ende dieses Buches meine E-Mail-Adresse, an die Sie sich wenden können. Ich heiße sowohl Skeptiker als auch Gläubige mit offenen Armen willkommen.

Viel Glück auf Ihrer Reise!

Inhalt

EINFÜHRUNG

Die Hauptintention dieses Buches ist es, eine Anleitung zu geben, wie man das eigene Bewusstsein erwecken kann. Überdies soll es zeigen, wie man diesen erwachten Bewusstseinszustand für das luzide Träumen (Klarträumen) und die außerkörperliche Erfahrung (AKE) nutzen kann. Mit der Intention, beide Erfahrungen auf nachvollziehbare Weise begreifbar zu machen.

Allen, die sich jetzt mit einem vollkommen neuen Thema konfrontiert sehen, sei gesagt: Das luzide Träumen beschreibt das Phänomen, sich in einem Traum zu befinden und sich gleichzeitig dessen bewusst zu sein, dass man gerade träumt.

Probieren Sie diese kleine Übung: Erinnern Sie sich an einen beliebigen Traum, den Sie zu irgendeinem Zeitpunkt in Ihrem Leben hatten, und spielen Sie diesen in Ihrer Erinnerung nach. Stellen Sie sich aber dieses Mal dabei vor, dass Ihnen plötzlich bewusst wird, dass Sie mitten in einem Traum sind. Schauen Sie sich um und staunen Sie über die Macht Ihres Unterbewusstseins, eine so überzeugende Umgebung und Situation zu erschaffen, dass Sie vorher nicht realisiert haben, dass Sie eigentlich träumen. Dass sie nun fähig sind wahrzunehmen, dass Sie sich in einem Traum befinden – das ist die großartige und eigentliche Kraft des luziden Träumens. Sie ermöglicht es uns, das eigene innere Unterbewusstsein zu studieren und in eine direkte, augenöffnende und introspektive Erfahrung einzutauchen. In einer solchen Erfahrung können wir kontrollieren, manipulieren und erschaffen, was immer wir wollen. Es gibt nur eine Grenze: die eigene

Vorstellungskraft. Wir können erforschen, was immer unser Geist erschafft, und ihn und die Traumfiguren um uns herum sogar fragen, warum sie dieses oder jenes tun. Was sie gerade vorhaben oder was sie darstellen.

Das luzide Träumen ist eine zutiefst persönliche und sehr aussagekräftige Art und Weise, sich selbst kennenzulernen, und ein wichtiger Teil unseres spirituellen Wachstums. In der Quintessenz ist diese Form des Träumens ein natürlicher und wesentlicher Schritt auf dem Weg zur außerkörperlichen Erfahrung.

Die außerkörperliche Erfahrung (AKE) hingegen beschreibt eine Technik, bei der wir wahrnehmen und spüren, dass wir uns von unserem physischen Körper trennen und ablösen. Wir betreten eine objektive, nichtphysische Dimension. Diese kann oft parallel zu unserem physischen Ort sein. Dies geschieht zum Beispiel, wenn unser physischer Körper friedlich im Bett schläft.

Wie Sie eine Vorstellung davon bekommen, wie sich eine AKE anfühlt? Sehen Sie sich bewusst in Ihrer Umgebung um. Versuchen Sie, sich einen Moment lang vorzustellen, dass der Ort, an dem Sie sich gerade befinden, während Sie dieses Buch lesen, in Wirklichkeit in einer anderen Dimension liegt und Ihr physischer Körper irgendwo anders schläft. Betrachten Sie alles sehr intensiv und überlegen Sie, wie „real" sich Ihre scheinbar physische Umgebung anfühlt. Versuchen Sie nun, dieses Gefühl der „Realitätsnähe" um das Hundertfache zu verstärken. Ungefähr so fühlt sich eine Astralprojektion an. Sie gleicht dem physischen Leben, kann aber wesentlich realer sein als die physische Dimension. Erfahrene Praktiker bestätigen, dass sich die Astralprojektion so real anfühlen kann, dass man nach dem Aufwachen das Gefühl haben kann, dass das physische Leben im Vergleich dazu eher ein Traum ist. Solch einen starken Effekt kann die AKE auf unsere Wahrnehmung haben.

Außerkörperliche Erfahrungen finden nicht in einem Traum statt, den Sie selbst erschaffen haben, sondern an einem tatsächlichen Ort in einer anderen, nichtphysischen Dimension. Im Vergleich zum Traumzustand werden sie nicht vom Unterbewusstsein beeinflusst, und auch die Umgebung lässt sich nicht in ähnlicher Form kontrollieren. Wir sprechen von einem tatsächlichen Ort, von dem aus Sie jeden Teil der Erde oder des Kosmos mit Ihren eigenen Sinnen erkunden können. Sie können Gespräche mit anderen Menschen führen und sogar in die Vergangenheit oder Zukunft reisen. Außerkörperliche Erfahrungen finden auf der Astralebene statt, die jenseits von Zeit und Raum liegt.

In diesem Buch werden wir uns intensiv mit diesem Thema beschäftigen und den Unterschied zwischen dem luziden Träumen und der AKE näher beleuchten. Warum es so wichtig ist, diesen Unterschied zu kennen? Ganz einfach, weil er essenziell ist, um diese nichtphysischen Erfahrungen zu verstehen und für sich entdecken zu können.

Die Astralprojektion bedeutet das Erwachen neuer Bewusstseinszustände. Sie hat weitreichende und langfristige Folgen. Aus ihr resultiert ein tieferes Verständnis für die Realität und eine objektivere Wahrnehmung unseres täglichen Lebens. Sie kann Fragen bezüglich des Sinns unserer Existenz lösen und dabei helfen, die Angst vor dem Tod zu überwinden.

Der Begriff „Astralprojektion“ ist lediglich ein Synonym für die außerkörperliche Erfahrung. Der Hauptunterschied besteht darin, dass die Formulierung „außerkörperliche Erfahrung“ häufiger in konventionellen Diskussionen verwendet wird und auch in medizinischen Kreisen anerkannt ist, insbesondere wenn es um Nahtoderfahrungen geht. Der Ausdruck „Astralprojektion“ wird in der Regel im spirituellen Kontext verwendet, um die Praxis des bewussten und absichtlichen Verlassens des Körpers zu beschreiben. In diesem

Buch befassen wir uns im Wesentlichen damit, wie man bewusste außerkörperliche Erfahrungen machen kann.

Die Terminologie Astralprojektion beinhaltet das Wort „Astral“. Ein Begriff, der seit Jahrhunderten in spiritueller Hinsicht die Ebene bezeichnet, die parallel oder jenseits unserer physischen existiert. Diese Ebenen sind nicht physisch, sie sind sehr komplex und von multidimensionaler Natur, genauso wie unser Bewusstsein. Inzwischen steht auch die Wissenschaft, vornehmlich die Quantenphysik, kurz davor, einige aufsehenerregende Durchbrüche hinsichtlich dieser Ebenen oder Dimensionen der Realität zu machen. Seit Jahrhunderten wird die Existenz dieser Ebenen von spirituellen Gemeinschaften und „erleuchteten Meistern“ der unterschiedlichsten Kulturen in den verschiedensten Zeitrechnungen anerkannt.

Moderne Quantenphysiker sind sogar davon überzeugt, dass es elf Dimensionen gibt. Gleichsam finden sich auch in esoterischen Lehren, die sich mit der „Kabbala“ befassen, elf Dimensionen der Natur.

Ich werde mich jedoch nicht mit diesen zahllosen wissenschaftlichen Erkenntnissen in Bezug auf das Nichtphysische und die spirituellen Verknüpfungen befassen. Es gibt hierzu bereits ausreichend Literatur. Wenn Sie sich für dieses Buch entschieden haben, gehe ich davon aus, dass Sie auf diesem Gebiet bereits einige Erkenntnisse sammeln konnten.

Wenn nicht, machen Sie sich keine Gedanken. Wenn Sie tiefer in dieses Thema einsteigen möchten und die Astralprojektion aufrichtig für sich selbst entdecken möchten, dann wird alles mit der nötigen Zeit, Praxis und Erfahrung einen Sinn ergeben.

Ich bin kein spiritueller Meister, und ich suche auch keine Schüler. Wenn ich sage, dass ich „das Erwachen des Bewusstseins“ lehre, bedeutet das nicht, dass man „erwacht“ oder „nicht erwacht“ ist. Das wäre eine Reflexion des konventionellen zweidimensionalen Denkens.

Der Prozess des Erwachens hingegen ist multidimensional und basiert auf Tausenden von Abstufungen. Wir alle sind bis zu einem gewissen Grad mehr oder weniger erwacht, manche mehr als andere. Das Hauptproblem ist, dass die meisten Menschen im Vergleich zum unendlichen Potenzial des Erwachens weit davon entfernt sind, so weit zu erwachen, dass es sich positiv auf ihr materielles und spirituelles Leben auswirken kann. Insbesondere wenn es darum geht, bewusste außerkörperliche Erfahrungen zu machen.

Ich erlebe seit über zehn Jahren außerkörperliche Erfahrungen und habe erst in jüngster Vergangenheit, inmitten der COVID-19-Pandemie, begonnen, meine Erlebnisse und mein Wissen öffentlich mit anderen zu teilen. Ich weiß, dass die Thematik oft ins Lächerliche gezogen oder sehr skeptisch betrachtet wird, dennoch habe ich dieses Buch in einem Akt der Demut und des Dienstes an anderen geschrieben. In diesem Sinne berichte ich einfach über meine Erkenntnisse in der Hoffnung, dass andere, an AKE-Phänomenen Interessierte, davon profitieren können.

Zudem verkaufe ich dieses Buch aus Überzeugung zu einem sehr günstigen Preis. Ich bin kein Befürworter davon, dass man von etwas profitiert, was eigentlich kostenlos an den Schulen gelehrt werden sollte. Das Wissen um die Astralprojektion ist ein natürliches Geburtsrecht eines jeden Menschen. Ich habe nur den aufrichtigen Wunsch, dass Sie diese authentischen AKE-Erfahrungen mit all Ihren Sinnen und bei vollem Bewusstsein machen können. Also genau mit dem Bewusstsein, in dem Sie jetzt gerade dieses Buch lesen.

Die Astralprojektion ist weder beängstigend noch kompliziert, sondern eine natürliche, befreiende und erhabene Erfahrung, die Ihre Seele spontan nach mehr verlangen lassen wird. Sie wird Ihre Einstellung zum Leben und zum Tod auf eine tiefgreifende Art und Weise verändern.

Natürlich gibt es bereits einiges an Literatur über das Phänomen der AKE. Wenn Sie sich dafür interessieren, empfehle ich Ihnen das Buch „Leaving the Body“ von Scott Rogo oder die Bücher von Graham Nicholls. Ein Autor, der nicht nur auf Tausende AKE-Erfahrungen zurückblicken kann, sondern diese auch mit Zeugen in einem wissenschaftlichen Umfeld verifizieren konnte. Nicholls' Arbeit basiert auf einem hundertprozentig wissenschaftlichen Ansatz. Was wir auf jeden Fall für uns realisieren sollten, ist, dass die moderne Wissenschaft, verglichen zu dem, was sie sonst leistet, in puncto AKE noch in der Steinzeit steckt. Mein persönlicher Rat an Sie: Verlassen Sie sich weder auf diese noch auf andere Quellen, um Antworten zu erhalten. Vertrauen Sie auf sich selbst! Gehen Sie mutig als Pioniere voran und erforschen Sie die Anatomie des Bewusstseins und der Realität in Eigenregie, indem Sie die außerkörperliche Erfahrung selbst erleben. Und lassen Sie diejenigen, die dafür offen sind, an ihren Erkenntnissen teilhaben; so wie ich es gerade tue.

Für manche Menschen ist die Astralprojektion nichts weiter als eine neue Erfahrung. Meiner Meinung nach ist sie ein einschneidendes und sehr aufregendes Erlebnis. Allerdings bringt uns dieses Erlebnis nicht immer auch auf spiritueller Ebene weiter. Oft bringen Erfahrungen, die zum Erwachen unseres Bewusstseins führen, oder die reine Meditation weitaus mehr als die ganze Astralprojektion.

Um zum Punkt zu kommen: Ich bin der festen Überzeugung, dass wir die AKE als einen Teil unseres individuellen spirituellen Wachstums begreifen müssen. Wenn wir lernen, sie in unser spirituelles Leben zu integrieren, können wir tiefgreifende Erfahrungen machen, die uns helfen, als Seelen zu wachsen – und auch andere in diesem Prozess unterstützen. Wenn Sie derzeit nur kurze und verschwommene AKE erleben, machen Sie sich keine Gedanken. Jede einzelne ist eine nützliche Übung. Lernen Sie, die Bedeutung all Ihrer Erfahrungen zu begreifen und zu schätzen.

DAS LEBEN
UND DIE HINTERGRÜNDE

Als Kind habe ich mich nicht sonderlich dafür interessiert, was die Lehrer mir in der Schule vermitteln wollten. Stattdessen war ich mehr von einem Insekt fasziniert, das über meinen Tisch lief, oder davon, was die anderen Kinder taten oder dachten. Oft schaute ich aus dem Fenster und ließ meinen Gedanken freien Lauf und sinnierte über die unendlichen Möglichkeiten im Leben – darüber, was jeden Moment alles passieren könnte. Vielleicht könnte ein Asteroid die Erde treffen? Was wäre, wenn alle Menschen plötzlich Superkräfte entwickeln würden? Oder wie würde man sich fühlen, wenn man in diesem Vogelschwarm mitfliegen könnte, den ich gerade vorbeiziehen sah? Ich wuchs inmitten von Erwachsenen auf, die mir zu verstehen gaben, dass ich noch nicht gebildet genug, eben kein Akademiker war. In Wahrheit aber war ich einfach nicht an oberflächlichen Gesprächen interessiert, die sich nicht auf das bezogen, was im gegenwärtigen Moment um mich herum passierte. Mein Interesse galt den Hintergründen und nicht dem, was sich im Vordergrund abspielte. Ich achtete zum Beispiel auf die Formen der Wolken oder zählte, wie viele Bäume auf einem Feld standen, oder, was noch wichtiger war: Ich nahm eine Person intensiv wahr und wusste bereits im Voraus, was sie tun oder sagen würde.

Wenn ich mich mit akademischen Themen beschäftigte, dann mit der Wissenschaft oder der Kunst. Die Wissenschaft, weil sie eine Erklärung für die Geheimnisse des Lebens versprach, und die Kunst, weil sie mir die Möglichkeit gab, etwas zu gestalten, ohne dass ich eine weitere intellektuelle Lektion wiederkäuen musste. In diesem Stadium war mein Geist rein und kindlich.

Doch mit den Jahren werden wir alle älter und verändern uns. Wir gehen der Frage nach dem Sinn des Seins nach. Wir kaufen Bücher und Ratgeber und versuchen etwas so Natürliches und Einfaches wie die außerkörperliche Erfahrung zu verstehen, sprich: wie man das Bewusstsein vom Körper trennt. Immer noch können viele von uns diese angeborene Fähigkeit, das Nichtphysische zu erkunden, kaum begreifen, obwohl sie unsere zweite Natur ist. In der Praxis geht es eigentlich nur darum, das Bewusstsein von den selbstbegrenzenden Überzeugungen und Wahrnehmungen, die wir ihm auferlegt haben, zu befreien. Wir müssen neu lernen, die Welt wahrzunehmen, und dann behutsam damit fortfahren, das zu verlernen, was unserer persönlichen Freiheit nicht mehr dienlich ist.

Einer der Hauptgründe, warum wir uns so schwer mit der Astralprojektion tun, ist, dass wir uns so sehr daran gewöhnt haben, alles, was wir lernen, intellektuell zu hinterfragen. In der typischen modernen Gesellschaft neigen wir dazu, uns nur vordergründig mit Themen auseinanderzusetzen. Wir stellen oberflächliche Fragen und setzen sie in Beziehung zu allem, was wir bereits über die physische Existenz wissen. Nur selten befassen wir uns mit den Hintergründen – beleuchten die Dinge kritisch und bemühen uns um ein grundlegendes Verständnis. Bei manchen Menschen erreicht diese Oberflächlichkeit ein erschreckendes Ausmaß. Fragt man sie zum Beispiel: „Was ist die Sonne?“, dann werden wir mit sehr hoher Wahrscheinlichkeit eine Antwort erhalten wie: „Die Sonne ist ein Stern aus heißem Plasma, das durch Kernfusionsreaktionen entsteht.“ Aus einer oberflächlichen wissenschaftlichen Perspektive heraus betrachtet ist dies wahr, aber es ist weit entfernt von der Erklärung, die der unendlich tiefen Realität der Sonne am besten entsprechen würde.

Leider ist für diese Menschen alles, was sie sehen, wenn sie zur Sonne aufschauen, eine Beschreibung in ihrem Kopf. Ohne auch nur einen Moment innezuhalten und ihre Schönheit zu betrachten, die mehr Worte singt, als jede wissenschaftliche Beschreibung bieten könnte.

Natürlich sind solche Definitionen oder Überzeugungen nicht falsch, sie spiegeln einfach nur nicht das wahre Wesen der Sonne wider. Sie zeigen, dass man die tiefere Dimension des Lebens nicht erkannt hat, die transzendent über jede Beschreibung erhaben ist.

Es gibt so viele verschiedene Beispiele für diese Art der gestörten Weltwahrnehmung. Ich sehe das häufig, wenn sich Menschen für außerkörperliche Reisen interessieren. Entdeckt jemand das Konzept der Astralprojektion für sich, dann werde ich oft mit Fragen konfrontiert, die in die folgende Richtung gehen: „Wie reise ich außerhalb des Körpers in ein anderes Land, wenn ich den Weg nicht kenne?“, „Brauche ich eine Karte?“, „Kann ich durch physische Objekte hindurchgehen?“ oder „Ist das nicht alles nur ein Hirngespinst von mir?“ Eine der besten Fragen, die ich in Erinnerung habe, lautete: „Ist Astralprojektion nicht nur luzides Träumen?“ Auf den ersten Blick mag es nicht so aussehen, als ob irgendetwas an diesen Fragen falsch wäre. Doch dann wird schnell klar, dass sie auf tief verwurzelten Annahmen basieren, wie die Welt auf einer oberflächlichen Ebene der Realität unserer Meinung nach funktioniert. Insbesondere was das Träumen betrifft, ist unser modernes, konventionelles Wissen durch Konnotationen und Vorurteile geprägt.

Wenn Menschen sich darum bemühen, eine außerkörperliche Erfahrung zu machen, denken sie oft zu viel über den gesamten Prozess nach. So wie wir es gewohnt sind, über etwas nachzudenken, wenn wir etwas Neues lernen. Jeder einzelne Schritt wird überdacht, Fragen kommen auf wie: „Wenn ich eine bestimmte Stufe erreicht habe, wie gehe ich dann zur nächsten über?“ oder „Muss ich meine Chakren aktivieren, bevor ich astral projizieren kann?“

In diesem Buch geht es mir darum, dass Sie einen Zustand erreichen, der es zulässt, dass Sie sich nicht auf komplizierte Theorien und Spekulationen stützen müssen, sondern sich auf Ihre eigene innere

Führung und Intuition verlassen können. Es ist ungemein wichtig, dass wir auf den Fluss unserer natürlichen Abläufe vertrauen und uns nicht von den eigenen Befürchtungen blockieren lassen.

Lassen Sie es mich damit vergleichen: Man kann viele Jahre lang Klavier spielen lernen, aber man muss die Musik fühlen, um letztendlich wirklich gut spielen zu können. Außerkörperliche Erfahrungen lassen sich nicht über den Verstand steuern oder durch Theorien erklären, man kann sie nur durch Erfahrungen und intensives Üben begreifen und erlernen.

Mit diesem Buch erhalten Sie viele Übungen, die Sie darin schulen, den eignen Körper zu verlassen. Es soll Ihre Kontemplation stärken und ein grundlegendes, tiefes Verständnis für die Themen Bewusstseinserweiterung und AKE schaffen.

Ich messe der Astralprojektion eine ganz besondere Bedeutung zu. In der Tat ist sie das einzige Thema, das ich für wichtig genug erachte, ihm ein Buch zu widmen.

Von Kindheit an sah ich keinen persönlichen Nutzen darin, mich mit Themen zu beschäftigen, die keine praktische Hilfestellung im Leben geben. Vielleicht wird Ihnen auffallen, dass ich mich nicht sonderlich darum bemühe, meine Erkenntnisse mittels eigener außerkörperlicher Erfahrungen zu untermauern. Das liegt daran, dass ich mit diesem Buch keine Überzeugungsarbeit hinsichtlich der AKE leisten möchte. Nein, meine Worte richten sich an diejenigen, die bereit und offen für die Möglichkeit einer solchen Erfahrung sind. Ihnen dient dieses Buch als Anleitung. Ich stütze mich nicht auf wissenschaftliche Daten oder überlieferte alte Texte, sondern auf logische Überlegungen, die auf den persönlichen Erfahrungen basieren, die ich seit meinem 18. Lebensjahr gemacht habe. Dabei gehöre ich nicht zu denjenigen, die bereits in einem frühen Stadium der Kindheit ganz automatisch ihren Körper verlassen konnten.

Als ich mit der Astralprojektion begann, war ich sehr deprimiert und weit davon entfernt, ein spirituelles Leben zu führen. Erst in einer Phase meines Lebens, in der ich mich sehr „verloren" gefühlt habe, nahm die Idee, die spirituelle Dimension zu suchen, Form an. Eines führte zum anderen. Mein Interesse war geweckt und ich beschäftigte mich intensiv mit der Astralprojektion. Schrittweise begann ich sie zu erlernen, so wie jeder andere das auch tun kann.

Alles in allem kann weder ich noch jemand anderer Sie von dieser unglaublichen Option, in andere Dimensionen zu reisen, überzeugen, nur Sie selbst können diese Tür für sich öffnen. Dieses Buch ist ebenso für die Menschen bestimmt, die erstmals eine außerkörperliche Erfahrung machen möchten, wie für diejenigen, die bereits ihre eigenen Erkenntnisse auf diesem Gebiet sammeln konnten. Jeder erfahrene Praktiker weiß, dass es immer von Vorteil ist, sein Wissen zu erweitern und sich inspirieren zu lassen. Dabei sollte man im Hinterkopf behalten, dass jeder Autor seine eigenen, unverwechselbaren Erfahrungen macht und weitergibt.

Wir alle schöpfen aus der gleichen universellen Wissensquelle, doch jeder erfährt dieses Wissen auf seine Weise und gibt es auch entsprechend weiter. Und da jeder von uns anders ist, nimmt auch jeder dieses Wissen auf seine ganz individuelle Weise auf, damit er auf seine Art wachsen kann.

Beginnt jemand damit, das eigene Bewusstsein zu erwecken, dann erstrahlt sein inneres Licht hundertmal stärker als zuvor. Es ist wie eine Blume, die aufblüht, damit andere ihre Kunstfertigkeit bewundern können. Jeder wahre spirituelle Meister, der auf diesem Planeten gelebt hat, ist erfüllt von grenzenloser Weisheit. Jeder für sich ist einzigartig, aber im Kern, in der Essenz, wirkt immer die gleiche Quelle, aus der alle Meister sprechen – und die ist bereits ein Bestandteil unseres Lebens.

Sie gibt uns den Antrieb, unseren Wünschen nachzujagen. Sie motiviert uns jeden Tag, aufzustehen, zu arbeiten oder denjenigen zu heiraten, den wir lieben. Tatsächlich können wir diese grenzenlose Energie, die wir empfangen, allerdings oft nur schwer kontrollieren. Auf diese Weise kann sich das Unbewusstsein in unser Leben schleichen und uns zu Entscheidungen bewegen, die wir nicht unbedingt treffen wollen.

Das gilt auch für das nächtliche Träumen. Aufgrund dieses Unbewusstseins erinnern sich viele Menschen nicht an ihre Träume, denn nicht sie treffen die Entscheidungen, sondern das Unterbewusstsein. Um aus diesem Zustand auszubrechen, müssen wir die Quelle, den tieferen Kern unserer selbst erhellen, denn nur so werden wir ein tieferes Verständnis für uns selbst gewinnen. Wenn wir unseren Seelenkern erhellen, sind wir in der Lage, die Hindernisse zu erkennen, die uns davon abhalten, bewusst zu leben.

Dies gilt sowohl in unserem wachen Leben als auch, wenn wir schlafen.

Einige Leser werden keine Beweise für die spirituellen Erkenntnisse, die ich hier niederschreibe, benötigen, denn sie haben die Unermesslichkeit anderer Dimensionen bereits selbst erlebt. Anderen wird es vielleicht schwerer fallen, sie zu verstehen, an sie appelliere ich jetzt:

„Wenn Sie den Wunsch haben, aus einem unbekannten Drang heraus, weiterzulesen, dann ermutige ich Sie, geduldig zu sein und die Ideen und Gefühle, die Sie während der Lektüre verspüren, einfach durch sich fließen zu lassen und ihnen auf natürliche Weise zu folgen. Es gibt keinen Grund, über auch nur ein einziges Thema, dass in diesem Buch behandelt wird, besonders viel nachzudenken, es allzu ernst zu nehmen oder ängstlich zu sein."

Wenn Sie dieses Buch in die Hand genommen haben, ist es wahrscheinlich, dass bereits eine Veränderung in Ihnen stattgefunden hat. Auf intellektueller Ebene haben Sie vielleicht keine Ahnung, was da gerade vor sich geht. Das ist in Ordnung so. Früher oder später werden

Sie sich mit dem „Nichtwissen“ anfreunden, und in diesem Moment werden die Antworten und Erfahrungen zu fließen beginnen. Die Erkenntnis der eigenen Unwissenheit ist der Beginn der echten Selbsterkenntnis.

„Ich bin der weiseste Mensch auf Erden, denn ich weiß, dass ich nichts weiß.“

Sokrates

Als Unterstützung auf Ihrem Weg finden Sie in diesem Buch einige nützliche Übungen, die Ihnen helfen werden, sich klarer auf Ihr inneres Erwachen auszurichten und gezieltes Wissen über sich selbst und das, was geschieht, zu erlangen.

Während Sie dieses Buch lesen, werden Sie eventuell lebendigere Träume haben. Sie werden vielleicht zu tieferen Erkenntnissen in Ihrem Wachleben kommen und spontane Entscheidungen treffen, die Sie schon immer machen wollten. Was auch immer geschieht, vertrauen Sie dem Prozess. Er ist ein Ausdruck der Gnade, die uns zuteilwird, wenn wir auf einer höheren Bewusstseinsebene leben – ganz in Harmonie mit der inneren und äußeren Erfahrung.

Angenommen, Sie erleben Veränderungen, die Sie auf der egoistischen Ebene nie geplant haben. In diesem Fall können Sie sich ziemlich sicher sein, dass Sie höchstwahrscheinlich aus gutem Grund geschehen und Teil Ihres spirituellen Wachstums sind. Die Hintergründe können wir nur verstehen, wenn wir uns die Mühe machen, nach innen zu schauen.

Entscheidungen, die wir aus unserem egoistischen Naturell heraus treffen, können oft unsicher, wankelmütig und uninformiert sein. Das kann dann zu unerwünschten Situationen und einem unverständlichen, vielleicht auch unguten Lebensstil führen.

Absichten, die hingegen von einem tieferen Teil von uns selbst, also unserem Bewusstsein und eigentlichem *Wesen* bestimmt sind, werden in der Regel auf unser bestes Interesse ausgerichtet sein und zu Glück und Klarheit führen.

Das Gleiche gilt für die Astralprojektion. Hier gilt es unserem Bauchgefühl und unserem Herzen zu folgen und nicht unserem Verstand.

Wissenschaftliche Studien belegen, dass es zentrale Neuronen im Herzen und im Darm gibt. Das Herz sendet tatsächlich mehr Signale an das Gehirn, als dieses zurücksendet. Das spirituelle Wissen ist also in unseren Zellen und unserer DNA gespeichert, nicht in irgendwelchen eingebildeten idealistischen Weltanschauungen.

Es ist auch wichtig, darauf hinzuweisen, dass es keinen Grund dafür gibt, etwas in diesem Buch so sehr zu hinterfragen, dass ein Leidensdruck aufgebaut wird. Die Astralprojektion ist lebensbejahend, besonders im Vergleich zu rein materialistischen Perspektiven. Sie zielt darauf ab, über alle Sichtweisen hinauszugehen, um eine nähere Version der ultimativen Wahrheit der Realität zu finden.

In diesem Sinne werden sich unsere Erfahrungen und unsere eigenen Anschauungen ganz automatisch auf weniger materialistische Werte ausrichten.

Ich habe Menschen kennengelernt, die depressiv wurden, wenn sie im Rahmen dieses Trainings bestimmte Wahrheiten erkannten. Mir erging es in den ersten Tagen offen gestanden nicht sehr viel anders. Es kann durchaus sein, dass man bei einer außerkörperlichen Erfahrung eine Realität über sein Ego erfährt, die einem nicht behagt.

Die Wahrheit ist selten so, wie wir sie uns vorstellen oder wünschen, aber ganz ehrlich – was ist die bessere Art zu leben? In der Täuschung oder indem wir die Wahrheit annehmen, wenn wir sie entdecken?

Dieses Buch verfolgt in erster Linie das Ziel, das Bewusstsein zu erwecken. Was so viel bedeutet wie, dass Sie innerlich erwachen und die vielen Wahrheiten der Realität in jedem Moment Ihres Lebens erkennen. Womit Sie letztendlich jeden Aspekt Ihrer Existenz verstehen können. Sowohl in Ihrem Wachleben als auch, wenn Sie schlafen.

Ich möchte betonen, dass die Erweiterung des höheren Bewusstseins eine erhabene und transzendentale Erfahrung ist, die aus dem Kern der Realität und den Tiefen unseres *Seins* hervorgeht. Sie ist erleuchtend, ehrfurchtgebietend und verändert die Art und Weise, wie wir das Leben wahrnehmen und erleben sollten: voll und überfließend mit Freude, Weisheit und bedingungsloser Liebe für alles, was ist.

Es gibt Themen in diesem Buch, die kaum rational erfassbar sind. Wenn Sie eine starke Abneigung gegen die Realität von Dimensionen haben, die jenseits der physischen Ebene existieren, dann ist diese Anleitung vielleicht nicht für Sie gedacht.

Beachten Sie jedoch, dass ich Gläubige und Skeptiker gleichermaßen willkommen heiße, das auszuprobieren, von dem ich weiß, dass es für jedes Lebewesen natürlich ist. Ich hoffe aufrichtig, dass das außerkörperliche Reisen eines Tages in Schulen gelehrt und praktiziert wird, oder zumindest, wie man Zugang zu ähnlichen Bewusstseinszuständen erhält und sie erforscht.

Bleiben Sie also aufgeschlossen; schließlich ist das Universum im Grunde ein reines Mysterium. Ein Mysterium, das die Intelligenz des Herzens begreift. Wie unendlich intelligent muss das Universum sein, um den menschlichen Geist in seiner Komplexität zu erschaffen, der unser kollektives und individuelles Leben so intensiv beeinflusst?

„Das Schönste, was wir erfahren können, ist das Geheimnisvolle.

Es ist die Quelle aller wahren Kunst und Wissenschaft.

Wem das Gefühl fremd ist, wer nicht mehr innehalten kann, um sich zu wundern und in Ehrfurcht zu verharren, der ist so gut wie tot; seine Augen sind geschlossen.“

Albert Einstein

Mit den in diesem Buch verwendeten Zitaten will ich nicht die Glaubwürdigkeit rational oft nicht erklärbarer Erfahrungen und Erlebnisse durch die Äußerungen berühmter Persönlichkeiten unterstreichen.

Die Zitate sollen ausdrücken, was ich mit Worten nicht vermitteln kann. Es war schon immer eine große Herausforderung für jeden Autor, spirituelle Dimensionen, die jenseits von Zeit, Raum und der konventionellen Weisheit existieren, genau zu beschreiben. Die gesprochene menschliche Sprache ist nur ein vergeblicher Versuch, das Unbeschreibliche erfassbar zu machen. Der Verstand versucht ständig, jeden Vorgang zu etikettieren, aber AKEs haben wenig mit dem Intellekt zu tun.

In Wirklichkeit ist es so einfach wie das Gehen, Atmen oder Fahrradfahren. Soll das Kind, wenn es das Radfahren lernt, endlose Fragen stellen oder soll es einfach damit beginnen und es nach jedem Scheitern immer wieder neu versuchen? Je mehr Fragen gestellt werden, desto verwirrter und komplizierter wird der Prozess. Das gilt auch für die hohe Kunst der Meditation, in der wir lernen, das Bewusstsein vom Körper zu trennen.

Das Thema Astralreisen kann man nicht so behandeln, als ob man ein Universitätsstudium absolvieren würde. Hier wird jeder Prozess mit komplizierten Konzepten belegt, die man zerebral sezieren muss. Die Astralreise *muss* man fühlen und mit seinem *Sein erfahren*. Mit „*Sein*" meine ich das Gefühl, präsent zu sein, in unserem eigenen Kern, ganz im Gegensatz zum *Denken*. Das Denken ist ein Phänomen, das getrennt vom *Sein* auftritt. *Das* Sein ist das stille Gewahrsein, das im Wesentlichen *du* bist. Es tut nichts, und doch ist es alles. Es ist der stille Beobachter, der immer Teil unseres Lebens war.

Astralreisen finden auf einer Ebene des Bewusstseins statt, die sich unserer Logik entzieht, zumindest im Moment. Ich glaube, dass die Wissenschaft eines Tages in der Lage sein wird, sie konkret zu untersuchen. Zum aktuellen Zeitpunkt aber ist sie weit davon entfernt.

Wenn ich einer Gruppe von Kindern und einer von Erwachsenen beibringen müsste, wie man sich von seinem Körper lösen kann, hätten die Kinder höchstwahrscheinlich eine doppelt so hohe Erfolgsquote. Kinder sind selten von ihrem *Sein abgeschnitten*, weil sie nicht alles mit dem Verstand hinterfragen. So wie es die Erwachsenen gewöhnlich tun.

Womit wir bei einem entscheidenden Punkt angekommen sind, den ich regelmäßig betone, und zwar, dass wir nicht denken müssen, um astral zu projizieren. Es ist eine Art des *Seins*, eine Ebene des Bewusstseins, die frei ist von der Bindung an die körperlich-sensorische Erfahrung. AKEs sind so natürlich wie das Atmen. Sie sind instinktiv, ursprünglich und ein Teil von uns.

DAS ERWACHEN

Das neugierige Kind, das ich einst war, wurde schließlich älter, und ich schloss die Schule mit durchschnittlichen Noten ab. Dennoch wurde ich später sehr erfolgreich. Ich gründete mehrere Unternehmen und machte viele wertvolle Erfahrungen. Da ich schon seit jeher praktisch veranlagt bin, habe ich immer viel gearbeitet – oftmals mehr als 70 Stunden in der Woche. Die praktische Veranlagung war auch eindeutig von Vorteil, was die Meditation und Astralprojektion betraf.

Zudem wurde ich an einer der renommiertesten Universitäten im Vereinigten Königreich zum Studium der Informatik zugelassen. Anfangs war ich sehr stolz darauf, doch als ich die ersten Vorlesungen besucht hatte, stellte sich schnell heraus, dass ich auch als Erwachsener einer für mich bedeutungslosen Wissenschaft rein gar nichts abgewinnen konnte. So brach ich das Studium nur einen Monat später wieder ab.

Als sich die mit dem Studium verbundene materielle Komponente in meinem Leben auflöste, entdeckte ich ein tiefes Interesse am luziden Träumen, und ich verbrachte das komplette nächste Jahr damit, mich mit dieser Materie zu beschäftigen. Ich stellte schnell fest, dass ich ohne die Ablenkung meiner akademischen Studien viel mehr Energie hatte, um mich auf meine persönlichen Interessen zu konzentrieren.

Als ich das luzide Träumen studierte und praktizierte, hatte ich auf natürliche Weise Hunderte dieser Träume. Dieses Gefühl des wachen Unterbewusstseins war überaus faszinierend und führte dazu, dass ich mich dem Thema leidenschaftlich widmete. Nicht nur, dass ich intellektuelle Hypothesen darüber aufstellte, ich konnte beim luziden Träumen etwas erleben, fühlen und berühren.

Es zog mich vor allem auch deshalb so in seinen Bann, weil es eine Option darstellte, dem Alltag zu entfliehen. In einer Welt unendlicher Möglichkeiten konnte ich tun, was ich wollte – und das tat ich auch. In der Folgezeit hatte ich Hunderte von angenehmen und unterhaltsamen luziden Träumen. Ich flog durch Fantasiewelten und sprach mit meinem Unterbewusstsein, um meine Ängste und mich besser zu verstehen. Ich übte sogar Gitarre, während ich schlief.

Dennoch behandelte ich das luzide Träumen fälschlicherweise als eine Form von Eskapismus, was letztlich unbefriedigend war. Und wie üblich fragte ich mich immer noch, was der Zweck von all dem war.

Ich genoss das luzide Träumen noch einige Zeit und lernte viele Dinge über mich selbst. Dann aber wurde ich zunehmend deprimierter und unzufriedener mit der Welt und hinterfragte den Sinn des Lebens im Allgemeinen.

Der Tag kam und das luzide Träumen verlor seinen Reiz. Ich fragte mich: „Was für einen Sinn hat das Leben, wenn ich alles nur in meinem Kopf erlebe?“ Diese Frage bezog sich nicht nur auf meine Träume, sondern auch auf das Leben im wachen Zustand. Durch das luzide Träumen kam ich zu der Erkenntnis, dass alles, was wir sehen, selbst wenn wir wach sind, nur eine Reflexion unseres Geistes ist. Also wenn wir Bäume, andere Menschen usw. sehen, dann sehen wir in der Regel die Etiketten und Vorstellungen, die wir in unserem Geist mit ihnen verbinden. Mit dieser etwas düsteren Erkenntnis der Virtualität des Lebens begann ich, mich für die Meditation zu interessieren, in der Hoffnung, durch sie einen Sinn hinter all dem zu finden.

Die Zeit verging abermals. Ich entschloss mich dazu, Philosophie zu studieren. Dieses Mal schloss ich das Studium auch ab. Dennoch war ich mit dem, was ich aus akademischer Sicht erreicht hatte, weitgehend unzufrieden. Die Themen der westlichen Philosophie waren zwar interessant, aber sie wurden hauptsächlich mit offenen Fragen erforscht, die von unaufgeklärten westlichen Philosophen stammten, die, wie ich, die Realität infrage stellten, aber keine Antworten zu finden schienen. Desillusioniert von Philosophie und Religion und verärgert über die Wissenschaft fühlte ich mich immer noch leer und hohl. Rein oberflächlich betrachtet, schien es so, als ob ich viel über die Realität und die Art und Weise, wie wir etwas wahrnehmen, wusste, aber wenn ich ganz ehrlich war, fehlte mir immer noch die Substanz. Ich konnte mir schöne philosophische Gedanken über die Welt zusammenspinnen, doch tief im Inneren wusste ich, dass da etwas fehlte.

Welchen Sinn hatte es, weiterzuleben, wenn ich den Sinn hinter dem Leben, den ich als Kind so stark empfunden hatte, nicht mehr finden konnte? In dieser Phase meines Lebens zog ich mich in die Depression zurück.

Ich meditierte beharrlich weiter und kam schließlich zu der Erkenntnis, dass ich in der selbst geschaffenen Illusion meines eigenen Geistes lebte. Durch diese Einsicht wurde mir klar, dass es mir an etwas ganz Wesentlichem fehlte: an einem größeren Bewusstsein. Ich musste mein Bewusstsein erweitern, um loszulassen und mich von den Wahrnehmungen zu befreien, die mir nicht mehr dienlich waren. Das Bewusstsein ist ein mentaler Zustand abseits unserer Gedanken, es steht jenseits aller Vorstellungen von uns selbst und der Welt und bietet damit einen Raum, um unsere Gedanken zu transzendieren.

Sobald das eigene Bewusstsein nicht mehr im Labyrinth des Verstandes gefangen ist, beginnen befreiende und erleuchtende Veränderungen.

Zu diesem Zeitpunkt hörte ich wunderbarerweise auch erstmals von der Astralprojektion. Ich besorgte mir mein erstes Buch zu diesem Thema: „Die Kunst und Praxis der Astralprojektion“ von Ophiel. Da ich in diesem leeren Zustand, in dem ich mich befand, nichts Besseres zu tun hatte, praktizierte ich das, was das Buch mir empfahl, mit Hingabe.

Ich schob meine Depression beiseite und gab alles, begeistert von der Idee, dass es wohl doch noch mehr gab, als das, was spekulierende Philosophen und unaufgeklärte Wissenschaftler für möglich hielten.

Durch intensives „Üben“ fand ich die instinktive *„Art des Seins“*, die für die Astralprojektion erforderlich ist. Durch die friedliche Stille in der Meditation gelang es mir, die Kontrolle über meinen Geist zu erlangen. Mit anderen Worten: Ich lernte, wie ich aufhören konnte zu träumen, und fand einen Weg, meine Illusionen von der Welt nicht mehr ständig in mein Bewusstsein zu projizieren.

Als ich eines Nachts im Bett lag, erlebte ich eine schockierende Überraschung: Ich machte meine erste außerkörperliche Erfahrung. Zum ersten Mal in meinem Leben hatte ich etwas gefunden, was mich nicht enttäuschte oder mit einem Gefühl der Unzufriedenheit oder noch mehr aufkommenden Fragen zurückließ. Ich hatte durch den Schleier der physischen Illusion und Wahrnehmung geblickt, der unser Bewusstsein normalerweise so fest an die materielle Welt bindet. Es war pure Freude, und ich war viele Tage lang von Ehrfurcht ergriffen.

Das luzide Träumen, die Meditation und die Astralprojektion – all diese Zustände haben ihre eigene Ebene des Erwachens und der Tiefe, sowohl während der außerkörperlichen Erfahrungen als auch nach dem Aufwachen. Kurz nachdem ich das erste Mal meinen Körper verließ, hatte ich spontane Momente, in denen ich im Wachleben weinte, weil ich exzessive Freude und Erleuchtung verspürte. Meine Depression wurde geheilt.

Meine erste außerkörperliche Erfahrung

25. Juli 2011

Eines Nachts wachte ich mitten im Schlaf auf. Ich blieb ruhig liegen und begann sofort, ein spontanes Zittern am ganzen Körper zu spüren. Durch meine geschlossenen Augenlider hindurch sah ich bunte, tanzende Farben. Ich vernahm ein lautes Rauschen, das zu einem Orkan anschwoll. Die außersinnlichen Phänomene wurden schließlich so intensiv, dass ich das Gefühl hatte, mich in sie hineinzuversetzen und mich von meinem physischen Körper zu trennen. Ich begann nach oben zu schweben. Es war eine langsame, aber intensive Trennung. Als ich mich gelöst hatte, sah ich, dass mein physischer Körper unter mir schlief. Diese neue Form meines geisterhaften Körpers, die ich noch nie zuvor erlebt hatte, fühlte sich äußerst energiegeladen an. Es war, als befände ich mich auf einer Achterbahnfahrt. Ich fühlte mich unheimlich lebendig, gleichzeitig aber auch schwer und realer, als ich es jemals für möglich gehalten hätte.

Diese Erfahrung war definitiv greifbarer und „körperlicher" als all die Hunderte von luziden Träumen, die ich zuvor hatte. Ich spürte, wie sich das Gewicht meines energetischen Körpers auf den Boden meines Schlafzimmers senkte, bis ich den Teppich unter meinen Füßen fühlte. Ich sah mich in meinem halbdunklen Zimmer um, das sich natürlicher und lebendiger anfühlte als jemals zuvor. Es hatte nun eine magische Qualität. Ich war ehrfürchtig. Ich war tatsächlich von meinem physischen Körper und meinem Gehirn getrennt, als ich es schlafend in meinem Bett beobachtete. Daran gab es keinen Zweifel.

Meine Umgebung hatte eindeutig eine eigenständige Existenz. Ich bemerkte, dass man sie nicht mehr manipulieren konnte, was in luziden Träumen eigentlich so einfach möglich ist. Daraufhin untersuchte ich mein Zimmer. Das Mondlicht, das durch das Fenster fiel, warf Schatten auf den Boden und die Wände. Ich bewegte meine Hände langsam in das Mondlicht hinein und wieder heraus und berührte meine Schlafzimmerwand, die ich in einer schockierenden Detailgenauigkeit wahrnahm. Noch nie hatte ich diese Wand und auch meine Hände so realistisch gesehen.

Es war seltsam, dass sich alles so physisch anfühlte, wenn es doch im Nichtphysischen passierte.

Wenn wir erfolgreich astral projizieren, haben wir so etwas wie einen Schutzschild, der uns von den Gedanken und Erfahrungen, die uns schaden könnten, abschirmt. In diesem Moment existiert nichts als das reine Erlebnis, das in seiner Lebendigkeit und Intensität einer Erfahrung gleicht, die wir sonst nur unter dem Einfluss von psychedelischen Drogen machen würden.

Wir aber erleben diesen vermeintlichen „Trip“ ganz ohne Drogen und die üblichen Begleiterscheinungen, wie Trunkenheit oder einen vernebelten Geist. Es ist eine völlig nüchterne Erfahrung, bei der das gewohnte Alltagsbewusstsein erhalten bleibt. Das bedeutet, dass Sie sich in einem hyperbewussten Zustand der Wahrnehmung befinden, der auf dem vertrauten und in sich ruhenden Gefühl von sich selbst beruht. Dennoch sind Sie in einem Zustand, den man im Englischen passenderweise mit der Formulierung „out of my mind“ und „out of body“ beschreibt – Sie sind reines Bewusstsein.

Die Authentizität dieser Erfahrung war so überwältigend realistisch, dass ich die instinktive Anwandlung hatte, leise zu sein, damit niemand im Haus aufwacht, während ich herumlief. Auch fühlte ich mich so normal wie immer, dass ich mich dabei ertappte, darüber nachzudenken, ob ich jetzt sterben würde oder wie ich in meinen Körper zurückkehren könnte.

Normalerweise beenden diese Art von Gedanken die Erfahrung für die meisten Menschen, aber da ich durch die Meditation geschult war, hatte ich gelernt, mich nicht von negativen Gedanken verzehren zu lassen.

Als ich mich wieder gefangen hatte, wollte ich nach draußen gehen. Mit dem Wissen, dass diese Dimension letztlich nicht physisch war, flog ich durch die Wand meines Schlafzimmers und kam auf der anderen Seite schwebend wieder heraus. Dort konnte ich einen wunderschönen klaren Nachthimmel sehen, an dem der Vollmond prangte, der sein Licht auf die üppigen Baumkronen ergoss. Ich hatte noch nie zuvor außerhalb meines weltlichen Hauses eine solch spirituelle und magische Qualität gesehen. Es war atemberaubend in visueller Hinsicht, aber noch intensiver war das Gefühl der Lebendigkeit und die damit verbundenen Emotionen, die von allem ausgingen, was ich betrachtete.

Das Erlebnis war so überwältigend, dass ich davon aufwachte. Ich stand förmlich unter Schock und schlief in dieser Nacht auch nicht wieder ein. Ich war überglücklich und hatte das Gefühl, einen verborgenen Schatz gefunden zu haben, der am Rande der Realität lag, parallel zur physischen Dimension. Dieses Gefühl hat mich nie wieder verlassen. Jede außerkörperliche Erfahrung ist mit dieser Freude verbunden, deshalb ist es schwer, sich ihr zu entziehen.

Ich stand auf und hatte Mühe, meine Nerven zu beruhigen. Ich schrieb das Erlebnis in mein Tagebuch, wobei es mir schwerfiel, Worte dafür zu finden. Erstaunt betrachtete ich mein Zimmer und stellte fest, dass es exakt so aussah wie in der außerkörperlichen Erfahrung. Um mich davon zu überzeugen, dass alles so wie vorher war, öffnete ich das Schlafzimmerfenster und winkte mit beiden Händen hinaus in das Mondlicht. Daraufhin spürte ich, dass sich sowohl die Luft als auch die komplette Atmosphäre in der physischen Realität anders anfühlten – und ich bekam eine Gänsehaut. Tatsächlich fühlt sich im Physischen alles weniger lebendig an. Ich wollte wieder zurück in diese andere Dimension. Es schien so, als ob sich alles umgekehrt hatte: das Physische fühlte sich jetzt wie ein Traum an. Für mich ist das übrigens bis heute so. Allerdings habe ich im Laufe der Jahre gelernt, dass ein präsentes Leben im Wachleben fast die gleiche Qualität wie das auf der Astralebene haben kann.

Im Anschluss ging ich vor die Tür, um mich zu überzeugen, dass auch dort alles noch genauso war, wie ich es vorher wahrgenommen hatte – und so war es auch: Ich sah den klaren Nachthimmel und den Vollmond, der sein Licht auf die Baumkronen warf.

Nach diesem Erlebnis war ich hellwach, es war mir nicht mehr möglich zu schlafen. Ich konnte es kaum erwarten, meinen Lieben zu erzählen, was ich entdeckt hatte. Ich fühlte mich wie neugeboren. Generell habe ich festgestellt, dass sich mein Lebensgefühl nach dieser Erfahrung grundlegend gewandelt hat. Nachdem ich mich achtzehn Jahre lang gefragt hatte, ob es nicht noch etwas anderes im Leben gibt, erschloss sich mir da auf einmal etwas, was eindeutig Potenzial zur Erforschung hatte. Wenn ich in der Lage war, Zugang zu einer Welt jenseits der Materie zu erhalten, was könnte ich dann noch alles entdecken?

Als ich meinen Lieben von meiner Erfahrung berichtete, begegnete man mir dann aber zu meiner Enttäuschung mit Desinteresse, Verwirrung und Skepsis. Wenn ich sie doch nur aus ihrem Traumzustand aufrütteln und ihnen zeigen könnte, dass alles tatsächlich so ist, wie ich es beschrieben hatte.

Doch nach einiger Zeit wurde mir klar, dass es vollkommen sinnlos ist, diese Erfahrungen an jemanden weiterzugeben, der nicht offen dafür ist oder sich schlichtweg nicht dafür interessiert.

Heute glaube ich, dass unser Bewusstsein genau dann erwacht, wenn wir bereit dafür sind – und wenn dieser Moment gekommen ist, dann ist das in der Regel ein sukzessiver und langer Prozess.

Mit der Zeit verblasste das Erlebnis ein wenig, und ich setzte meine Meditationspraxis hingebungsvoll und diszipliniert über viele Wochen fort. Natürlich galt das auch für die Astralprojektion, ich hatte viele außerkörperliche Erlebnisse in den folgenden Wochen. Auch im physischen Wachleben gab es nun mehrfach Momente, in denen ich mich von reinem Bewusstsein überflutet fühlte. Der Weg der Astralprojektion beeinflusst eindeutig nicht nur unsere Erfahrungen im Schlaf, sondern hat auch tiefgreifende Auswirkungen auf unser Leben im Wachzustand.

Diese direkte Erfahrung des außerkörperlichen Bewusstseins kann man nur schwer begreifen, wenn man sie nicht selbst erlebt hat. Allerdings kann uns die beharrliche und konsequente Meditation einen Vorgeschmack darauf geben. Es ist ein Gefühl der Freiheit, die sich aus einem Zustand des inneren Friedens und des vollkommenen Verständnisses ergibt. Die nachfolgende Erfahrung hatte ich spontan, als ich eines Tages beschloss, einen Spaziergang zu machen.

Ein Übermaß an Liebe im Physischen

15. August 2011

Hinter meinem Haus befand sich ein üppig grüner Weg, den ich oft entlangspazierte. An diesem Tag ging ich diesen Weg ganz bewusst und bewegte mich sehr achtsam, fast wie ein buddhistischer Mönch. In dieser Manier tat ich mein Bestes, um mich nicht von Gedanken oder Emotionen ablenken zu lassen. Ich konzentrierte ich mich auf jeden meiner Schritte, und versuchte mich mit der Natur um mich herum zu verbinden. Ich genoss diesen Spaziergang. Mein Geist war der eines Zen-

Schülers, unvoreingenommen, höchst aufmerksam, nicht wertend, aber scharfsinnig.

Als ich den Weg entlangwanderte, kam mir eine Mutter mit einem Kinderwagen entgegen. In dem Moment, in dem sie an mir vorbeiging, schien ich spontan eine innere Schwelle zu überschreiten. Ich wurde von den erhabensten Gefühlen erfasst, die ich je im physischen Leben verspürt hatte. Eine Art Energie, nennen wir sie mal „die Aura einer Mutter", hatte meine „egoistische Wahrnehmungsmauer" niedergerissen. So konnte sich die heilige Intelligenz meines Herzens ungehindert ihren Weg bahnen. Meine Emotionen, die ich zuvor perfekt unter Kontrolle hatte, schlugen hoch. Innerhalb von Sekunden flossen die Tränen, als sich mir diese ganze Erfahrung eröffnete. All meine Mauern waren plötzlich zusammengebrochen; die Realität, die ich nun wahrnahm, sang einfach ihren wunderschönen Chor in mir.

Alles, was ich sah, war neu, lebendig und voller Leben. Die Geräusche der Vögel und auch sonst alles um mich herum war rein und unschuldig. Ich hatte das Gefühl, als hätte man mir neue Ohren gegeben, mit denen ich auf einmal perfekt hören konnte.

Ich schaute mich um und war entrückt, als wäre ich aus einem Traum erwacht. Plötzlich konnte ich die Sonnenstrahlen in der Luft sehen und wie ihr liebevolles Leuchten alles durchdrang, was sie berührten. Mein Körper nahm diese lebenspendende Essenz in sich auf. Die üppige Natur um mich herum wurde plötzlich mit Leben erfüllt. Ich bemerkte, wie sich jedes Blatt im Wind wiegte. Wenn ich einen Baum oder eine Blume näher betrachtete, hätte ich schwören können, dass sie mich erkannten. Einen Moment lang wurde mir bewusst, wie seltsam dieser weinende Mann wohl gewirkt haben musste. Es war helllichter Tag und der Weg, den ich gewählt hatte, war normalerweise sehr belebt. Überraschenderweise nicht an diesem Tag. Ich traf auf keinen einzigen Menschen. Es war, als würde die Welt sagen: „Das hier ist nur für dich.“ Ich hatte monatelang in meinen Meditationspraktiken nach einer Art Antwort auf das Leben gesucht. Und wenn ich etwas entdeckte, dann in diesem unbeschreiblichen neuen Bewusstseinszustand, der sich mir spontan offenbarte und in dem die Welt ihre nackte Seele zu enthüllen schien. Das war jenseits des Denkens, jenseits des Hinterfragens. Da war kein Verstand mehr, keine Logik.

Ich ging weiter und nahm diesen neuen Zustand in mir auf. Nach ein paar Schritten fand ich eine Bank in einem kleinen Park. Dort ließ ich mich nieder und beobachtete das freudige Spiel der Eichhörnchen und Vögel um mich herum und das Rauschen der Bäume im Wind. Ich weiß nicht, wie lange ich auf dieser Parkbank saß. Die Zeit schien in diesem Zustand keinen Einfluss zu haben. Tatsächlich waren viele Stunden vergangen, als ich wieder von der Parkbank aufstand. Mein Bewusstsein hatte sich in eine Dimension jenseits von Zeit und Raum begeben, die nur in ununterbrochener Glückseligkeit existierte, mit der klaren Erkenntnis, dass die Illusion des Getrenntseins nur ein Trugschluss in unserer üblichen Wahrnehmung ist. Ich *sah die* Dinge nicht mehr, sondern *fühlte sie*; und was immer ich betrachtete – ich spürte ein inneres Wissen, das in meinem ganzen *Sein* mitschwang. Auf diese Weise konnte ich alles wertschätzen: einen Vogel, einen Baum und sogar jeden einzelnen Grashalm. Hinzu kam das *Wissen*, dass das individuell erlebte Bewusstsein sich nicht von dem unterscheidet, was in der Essenz jeder anderen Lebensform verwurzelt ist. In der letzten Wirklichkeit ist alles eins.

Was mir widerfuhr, ist ein spontanes Erwachen des Bewusstseins, das uns Einblicke in höhere Bewusstseinsformen gibt. Es geschieht durch Gnade, wenn wir uns bemühen zu meditieren. Diese Art des Erwachens kann nicht nur auf der physischen Ebene, sondern auch auf der Astralebene stattfinden.

Inzwischen ist das Gefühl etwas abgeklungen, aber es ist nie ganz verschwunden. Es war immer im Hintergrund vorhanden, oder es taucht wieder auf, wenn ich meditiere oder lange Spaziergänge in der Natur mache.

Dieses Ereignis rufe ich mir immer ins Gedächtnis zurück, wenn ich mich etwas unausgeglichen fühlte oder es mich nach Antworten verlangt. Unsere Sprache hat nicht genug Worte, um eine solche Erfahrung zu beschreiben. Was ich in diesen Momenten fühlte, war eine kraftvolle Ausdehnung der Liebe. Liebe in Form einer glückseligen Emotion, die auf natürliche Weise entsteht, wenn der Geist sich der Realität hingibt, anstatt ständig versucht, seine eigenen Traumrealitäten heraufzubeschwören.

Wenn Sie in der Meditation einen solchen Zustand erreichen, erkennen Sie, dass Liebe Ihr natürlicher Zustand ist und nicht etwas, was gefunden werden muss. Sie wird nur dann wirklich gefunden, wenn Sie loslassen und sich erlauben, dem Leben – dem, *was ist,* nicht mehr eine eigene Erzählung hinzuzufügen.

Deshalb kann Liebe im Leben viele Formen annehmen. Es sind eben viele Aspekte, die diese Fähigkeit haben, unseren Geist so weit zu beruhigen, dass wir die wahre Realität des Einsseins besser wahrnehmen können. Sei es ein liebevoller Partner, ein Haustier, Kinder, eine schöne Landschaft, die Natur, ein Hobby. Aus all diesen Dingen kann diese innere Ruhe entstehen, aber es ist auch wichtig zu wissen, dass wir uns nicht auf Äußerlichkeiten oder Menschen verlassen müssen, um diesen Zustand zu erreichen. Wir können uns mit ihm durch Meditation und unsere Beziehung zu uns selbst verbinden.

Indem wir diese innere Quelle der Liebe anzapfen, setzen wir eine göttliche Energiequelle frei, die allen Lebewesen zugutekommt, statt uns für unseren Seelenfrieden auf andere Menschen zu verlassen. Denn wenn wir uns zu sehr in Abhängigkeiten begeben, führt das oft zu Leiden und Anhaftung an die physische Form.

Erinnern Sie sich daran, dass das Ziel der Astralprojektion darin besteht, nicht an der physischen Realität und den Objekten zu haften, seien es materielle Besitztümer, geliebte Menschen oder irgendetwas anderes. Das heißt nicht, dass wir auf sie verzichten sollten, es bedeutet, dass wir diesen äußeren Dingen nicht die Macht geben sollten, noch mehr Drama oder Leiden in unser Leben zu bringen. Wir erzeugen unsere eigene Kraftquelle von innen heraus.

„Wenn der Verstand aufhört zu suchen, wenn er keine Zuflucht mehr braucht, wenn er nicht mehr nach Sicherheit sucht, wenn er sich nicht mehr nach Büchern und Informationen sehnt, wenn er sogar die Erinnerung an die Begierde ignoriert,

nur dann wird die Liebe im Inneren ankommen."

Samael Aun Weor

Als sich meine Fähigkeit zu meditieren weiterentwickelte und mein Leben immer mehr durchdrang, wurden auch meine außerkörperlichen Erfahrungen immer tiefgehender. Mit dieser nächsten Erfahrung erkannte ich das erste Mal, dass die Menschen auf der Astralebene wirklich im Jenseits leben:

Erdähnliches Leben nach dem Tod

2. Juli 2012

Nach einem entspannten, meditativen Abend wachte ich mitten in der Nacht in einem Zustand des Wohlbefindens auf. Aus

Gewohnheit konzentrierte ich mich darauf, mit vollem Wachbewusstsein wieder einzuschlafen. In der Tiefe meines schweren Schlummers begannen ungewöhnliche Geräusche aufzutauchen: lautes Klopfen, hörbare Vibrationen und sprechende Menschen. Meine physischen Augen öffneten sich unwillkürlich und die Geräusche verstummten. Ich entspannte mich und schloss die Augen wieder, und sie kehrten zurück. Wenn ich meine Aufmerksamkeit auf sie richtete, verstummten sie. Also ließ ich sie sein. Sie schienen an Intensität zuzunehmen, bis sie auf natürliche Weise mein ganzes Bewusstsein vereinnahmten. Als Nächstes verspürte ich ein von meinem Magen ausgehendes Zucken, das sich über meinen Körper ausbreitete. Mein ganzer Körper vibrierte intensiv und ich hatte gleichzeitig das unerträgliche Gefühl, zu fallen oder zu fliegen.

Hypnagoge Farben begannen in meine Vision zu wirbeln. Sie schienen darum zu ringen, ein Bild zu formen. Als ich mich konzentrierte, fand ich mich in einer Szene wieder. Vom ersten Moment an fühlte ich mich groggy, als ob ich gerade aufgewacht wäre. Mir war sofort klar, dass ich mich außerhalb meines Körpers an einem anderen Ort befand. Ich sah mich im Lotussitz auf einer Treppe in einem großen Gebäude. Meine Umgebung war grau und düster. Neben mir saß ein Mann. Ein Teil von mir erkannte ihn als einen Freund, aber nicht als jemanden, an den ich mich im wachen Leben erinnerte. Vielleicht stammte er aus einem früheren Leben, oder er war jemand, den nur ein multidimensionaler Teil von mir kannte. Wir unterhielten uns eine Weile, aber ich erinnere mich nur an den letzten Teil des Gesprächs.

„Wir werden gemeinsam die Treppe hinaufgehen“, sagte er.

Eine Frau, die ich vorher nicht bemerkt hatte, stellte sich vor mich und sagte unvermittelt: „Wir würden erwarten, dass Sie höher gehen.“

Auf einmal erschienen über ihrem Kopf zwei kleine Kugeln, die durch eine Schnur vertikal miteinander verbunden waren. In jeder dieser Kugeln war ein Bild zu sehen. Ich konzentrierte mich auf die oberste und begann, sie zu vergrößern. Die Szene mit der Treppe begann zu verblassen. Einen Moment fühlte ich mich beunruhigt. Ich wollte nicht aufwachen und diese Reise abbrechen. Für einen Moment hielt ich mich am Arm des Mannes fest, um den Boden unter den Füßen zu behalten. Bald fand ich mich im Bett wieder. Im Nachhinein dachte ich, dass diese Erfahrung eine Metapher war, die mir sagen sollte, dass ich in höhere Dimensionen oder Bewusstseinsstufen aufsteigen sollte. Ich entspannte mich schnell und schlief wieder ein.

Kurz nach dem Einschlafen befand ich mich in einem Traum, der wiederum eine Art Traum zu sein schien. Ich stand auf einem Parkplatz im Freien. Dieser war etwa hundert Meter von meinem Schlafplatz entfernt. Ich starrte in den Himmel und erblickte das schönste, bunt gefärbte Wolkengebilde, das ich je gesehen hatte. Ein ungemeines Gefühl der Ehrfurcht erfasste mich. Mich überkommt immer ein enormes Glücksgefühl, wenn ich etwas Außerirdisches bestaune, das man im Wachleben niemals sehen könnte. Während ich in die Wolken starrte, entdeckte ich etwas, was man als UFO bezeichnen könnte. Es war schwarz und seine Form erinnerte an zwei Kugeln, die durch eine Schnur miteinander verbunden waren. Es war genau das gleiche seltsame Gefährt, das ich in meinem vorherigen Erlebnis gesehen hatte. Das Objekt stand einen Moment lang still und flog dann schnell nach links über den gesamten Himmel, wobei es elegant in die Wolken hineintauchte, um dann in einem atemberaubenden Manöver wieder aus ihnen hervorzustoßen. Während es aufstieg, bot es einen atemberaubenden Anblick. Eine Flut riesiger, vielfarbiger Wolken umgab das UFO und füllte in Sekundenschnelle den größten Teil des Himmels aus, wie ein Supervulkan, der gerade dabei war auszubrechen. Die Wolken begannen zu pulsieren und glichen dabei riesigen Farbkugeln.

Ich hörte krachenden Donner und sah, wie sich die Atmosphäre plötzlich veränderte. Ein beunruhigendes Gefühl in der Magengrube ließ mich einen Schritt zurücktreten. Ich stieß gegen die Backsteinmauer eines Gebäudes, das ich vorher gar nicht bemerkt hatte. Aus einem unsicheren Impuls heraus versteckte ich mich in einer Ecke. Als das UFO im Sinkflug war, stürzte es in der Ferne ab und explodierte. Ich rannte immer weiter in die entgegengesetzte Richtung. Dann holte ich mein Telefon heraus, um einen Verwandten anzurufen, weil ich Angst hatte, dass ich diesen Moment nicht überleben würde. Eigentlich wollte ich ihm nur noch sagen, dass ich ihn liebe, aber etwas in mir wachte auf, bevor ich es tat.

Kurz darauf machte ich den „Nasenflügel-Reality-Check“. Ich konnte durch die Nase atmen, während ich sie zuhielt, was mir bewusst machte, dass ich mich in einer nichtphysischen Dimension befand.

Ich war ungemein aufgeregt und musste mich erst einmal beruhigen. Also konzentrierte ich mich auf meine Hände und versuchte, das volle Wachbewusstsein zu erlangen. Als mein Geist an Klarheit gewann, sah ich, wie sich unterbewusste Traumprojektionen vor meinen Augen auflösten. Mauern aus Ziegeln, Bäume und Zäune begannen sich aufzulösen. Nach wenigen Augenblicken war meine Wahrnehmung klar, wach und unbeeinflusst. Ich spürte diese energetisierende nichtphysische

Wachheit, die mich jedes Mal überkommt, wenn ich eine solche außerkörperliche Erfahrung mache.

Ich befand mich auf der Hauptstraße, gleich um die Ecke von dem Platz, an dem mein Körper schlief. Der Ort war eine fast perfekte Nachbildung des physischen Originals. Die einzige Gegebenheit, die anders zu sein schien, war eine große Menschenansammlung auf der Straße und eine fast schon überfreundliche Atmosphäre, die von all den Wesen dort ausging.

Die äußerst positive Energie, die ich spürte, ließ darauf schließen, dass ich mich in einem höher dimensionierten Gegenstück zur physischen Erddimension befand.

Die anwesenden Menschen schienen ein Bewusstsein zu haben, das dem irdischen ähnlich war. Ich zog die Möglichkeit in Betracht, dass es sich um Personen handelte, die in meiner Stadt lebten und eigentlich schliefen und dabei unbewusst projizierten. Doch nach einiger Zeit bemerkte ich, dass sich diese Vermutung irgendwie nicht richtig anfühlte; der Ort hatte etwas Besonderes und Erleuchtetes an sich.

Alle waren wach und schienen sich der Tatsache bewusst zu sein, dass dies das Leben nach dem Tod war. Irgendwie begann ich zu ahnen, dass es sich um Menschen handelte, die erst in jüngster Vergangenheit gestorben waren und die einfach versuchten, so wie vor dem Tod weiterzuleben.

Ich begann über Parallelwelten nachzudenken und darüber, dass dies eine Entdeckung sein könnte, vor der die Quantenphysik gerade steht. Macht man so eine Erfahrung persönlich und in einer so realistischen Qualität, trifft einen das zutiefst. Es ist unbeschreiblich, wie viel greifbarer, natürlicher und freudiger sich diese Ebene anfühlte, im Gegensatz zu unserer dichten, physischen Welt.

Als ich weiter ziellos umherlief, fand ich mich auf einmal auf einem Bürgersteig inmitten vieler Menschen wieder. Ich vernahm Wortfetzen von zahllosen Gesprächen und schickte mich an, weiterzugehen, doch zu meiner Überraschung wurde der Prozess des Gehens zu einer Herausforderung. Ich musste mich anstrengen, die Bewegung langsam, fast meditativ auszuführen. Es war, als würde ich zum ersten Mal laufen lernen, als hätte ich neue Beine. Innerlich lachte ich bei dem Gedanken daran, wie ich wohl auf andere wirkte, aber zum Glück hatte ich dann doch bald den Dreh raus. Daraufhin fühlte ich mich so lebendig, dass ich eine Zeit lang voller Freude auf dem Bürgersteig entlanglief.

Die Atmosphäre war positiv und verzaubert; doch der Himmel war düster und leicht violett. Das freudige Gefühl riss mich irgendwie mit, sodass ich mich bewusst zurückhalten musste. Spontan erinnerte ich mich an meine Absicht, außerkörperliche Erfahrungen zu machen, um die Welten zu verstehen, die jenseits des Physischen existieren. Ich dachte über das Leben der Menschen nach und beobachtete fröhliche Familien oder befreundete Menschen, die an mir vorbeigingen. Ich grüßte eine fünfköpfige Familie, die auf mich so wirkte, als ob sie aus dem Mittleren Osten stammte. Mutter, Vater, Tochter, Sohn und ein Großvater, der im Rollstuhl saß. Das letzte Bild verwirrte mich sofort. Es war eine nichtphysische Welt, und dieser Mann zog es vor, in einem Rollstuhl herumzufahren?

„Wisst ihr, dass ihr alle tot seid?“, fragte ich.

Alle grinsten, nickten und antworteten mit Ja.

„Tut mir leid, ich war einfach nur neugierig.“

„Ja, dessen sind wir uns bewusst“, unterbrachen sie mich.

Ich blickte sie erstaunt an; sie waren sich nicht nur ihres eigenen Todes bewusst, sondern wussten auch, dass ich in der physischen Welt lebte? Daraufhin schickte sich die Familie an, weiterzugehen. Nur der Sohn blieb noch ein paar Minuten bei mir und erzählte mir von seiner Familie. An den größten Teil des Gesprächs kann ich mich nicht mehr erinnern, wohl aber an die letzten Worte.

„Wart ihr alle glücklich, dass ihr nach eurem Tod noch Zeit miteinander verbringen konntet?“, fragte ich.

„Ja“, antwortete er desinteressiert, als er sah, wie seine Familie sich weiter von uns entfernte.

In diesem Moment bemerkte ich, dass ich auf der linken Seite meines Gesichts kein Gefühl mehr hatte. Ich fühlte, wie meine Hand taub wurde. Ich versuchte zu sprechen, aber zu meinem Erstaunen konnte ich nur noch Kauderwelsch von mir geben. Die Erklärung erhielt ich später: Da ich noch ziemlich neu auf dem Gebiet der Astralprojektion war, begann mich die Kraft zu verlassen, mit meinem Bewusstsein in dieser Dimension zu bleiben.

Das Nächste, an das ich mich erinnern konnte, war, dass ich in meinem Bett lag, so als ob nichts passiert wäre und es keine Unterbrechung des Bewusstseins gegeben hätte.

Ich dachte voller Ehrfurcht über das Erlebnis nach. Vor allem ging mir durch den Kopf, dass wir nach dem Tod in einem Leben weiterexistieren können, das unserem Irdischen außerordentlich ähnlich ist. Ein Teil von mir nahm intuitiv an, dass die Familie absichtlich zusammengeblieben war, um sich den Wunsch zu erfüllen, gemeinsam Zeit miteinander zu verbringen – etwas, was in der physischen Welt wohl nicht möglich gewesen war. Vielleicht, weil ein oder mehrere Mitglieder unerwartet gestorben waren, oder aufgrund materieller oder auch anderer Umstände.

Dies ist nur ein kleiner Einblick in die Qualität der Informationen und die Weisheit, die wir auf der Astralebene erfahren können. Es ist meine direkte Wahrnehmung der Funktionsweise des Jenseits und meine Weise, eine intime Kommunikation mit denen, die diese Reise durchleben, wiederzugeben.

Das Leben nach dem Tod ist etwas, für das wir uns zu Lebzeiten kaum interessieren. Doch sind wir dem Tod nah, dann wird der Weg, der vor uns liegt, zu einem allumfassenden Horizont, den es zu entdecken gilt. Eine solche Erfahrung rückt all die Dramen und Ereignisse, die in unserem Leben passieren, ins rechte Licht. Situationen, die wir als selbstverständlich hingenommen haben, oder Dinge, über die wir uns viel zu viel aufregt haben, als wir es eigentlich hätten tun sollen.

GLAUBE UND ZWEIFEL

Warum wollen wir nicht an etwas glauben, von dem wir nicht mit Sicherheit wissen, ob es wahr ist oder nicht. Die meisten Menschen, die sich dazu entscheiden, die Existenz nichtphysischer Welten anzuzweifeln, haben diese niemals selbst erlebt und unternehmen auch nicht den Versuch dazu. Wir müssen anerkennen, dass es einen allgemeinen Konsens in der konventionellen Wissenschaft gibt, dass außerkörperliche Erfahrungen im Jenseits etwas sind, dem man skeptisch gegenüberstehen sollte. Andernfalls würde man als seltsam oder im schlimmsten Fall als jemand, der nicht ganz bei Verstand ist, abgestempelt. Wer interessiert genug ist, dieser Frage selbstständig auf den Grund zu gehen, muss mutig genug sein, sich gegen das zu stellen, was viele andere für die Wahrheit erachten. Hilfreich in diesem Fall ist es, wenn wir uns bewusst machen, in welchem Zustand sich die Menschheit derzeit befindet. Die Wissenschaft, die gemeinhin als Experte für bewiesene Wahrheiten angesehen wird, ist weit davon entfernt, die unendliche Komplexität der nichtphysischen Realität zu verstehen. Sie steht vielen Phänomenen im Universum ratlos gegenüber und kann das Nichtphysische nicht einmal ansatzweise verstehen.

Die „Urknalltheorie" gilt auch heute noch weitgehend als gültiges Konzept über die Anfänge von Raum, Zeit und Materie. Und doch ist es nur eine Theorie. Eine, welche die Möglichkeit außer Acht lässt, dass vor dem Urknall ein anderes Universum, eine andere nichtphysikalische Dimension oder ein anderes Phänomen existiert haben könnte, aus dem unser Universum entstanden ist.

Ein solcher Ansatz ergibt insbesondere für den außerkörperlich Reisenden durchaus Sinn. Der Physikalität geht immer eine

Nichtphysikalität voraus, wobei die Astralebene der physischen Dimension sehr nahekommt. Wenn sich Dinge im Physischen manifestieren, tun sie dies zuerst im Astralen. Die Astralebene ist eine Art Fundament für die physische Ebene.

Nehmen wir an, wir wollten die Wahrheit darüber herausfinden, wie das Universum entstanden ist. In diesem Fall könnten wir dies durch Astralprojektion tun. Ich persönlich halte es für logisch anzunehmen, dass der materiellen Schöpfung keine physischen Mechanismen vorausgehen, die unserer Realität zugrunde liegen. Viele östliche Philosophien stimmen darin überein, dass die Form nicht ohne das Formlose existieren kann und nicht notwendigerweise andersherum. Es muss nichts geben, damit es etwas geben kann, so wie der Raum den Planeten Erde entstehen lassen kann. Nichtphysische Dimensionen der Natur ermöglichen es, dass physische Dimensionen existieren.

Sie sehen, dies ist ein Thema, über das man endlos philosophieren kann, und dies sind nur meine persönlichen Gedanken hierzu. Sie können Ihre eigenen Theorien formulieren, nachdem Sie sich eine Zeit lang selbst damit beschäftigt haben, das Nichtphysische zu erforschen – aber lassen Sie uns einen Schritt nach dem anderen machen.

Wenn wir die Realität der Astralprojektion mit eigenen Augen sehen, verschiebt sich unser Bewusstsein von einer Ebene der „intellektuellen Spekulation“ zu einer Ebene des *Wissens*, die über den Glauben hinausgeht und keinen Raum für Zweifel lässt. Von da an hört man gewöhnlich auf, weiter darüber nachzudenken oder sich auf Debatten einzulassen, und will stattdessen nur noch diesen neu entdeckten Zustand erforschen. Ohne Rücksicht auf andere Menschen und deren Weltanschauungen.

Auf einer Bewusstseinsebene, die offen für die außerkörperliche Erfahrung ist, kann uns niemand mehr davon überzeugen, dass diese nicht existiert. Wir haben keine Angst mehr vor Skeptikern, die uns sagen, dass die Astralprojektion nur eine Einbildung unseres Geistes sein könnte.

Ganz einfach, weil wir den Unterschied zwischen einem Traum und einer authentischen Erfahrung instinktiv kennen und verstehen.

Ich möchte Ihnen eine solche Erfahrung schildern, bei der ich mich außerhalb des eigenen Körpers befand und das, was ich nach dem Aufwachen sah, mit meinen physischen Augen bestätigen konnte. Ich glaube, dass viele, die sich mit der Astralprojektion beschäftigen, solch eine Phase durchlaufen, in der sie eine Erfahrung machen, die sich dann im physischen Leben bewahrheitet. In der Regel geschieht das ganz natürlich, weil unser Unterbewusstsein die Echtheit unserer AKEs für sich selbst bestätigen will. Auch wenn es eigentlich nicht notwendig ist, dient ein solches Erlebnis dazu, das Vertrauen und das *Wissen zu* festigen, dass die Erfahrungen real sind.

Strahlendes Haus: Beweis für die Realität einer außerkörperlichen Erfahrung

7. September 2014

Schon bevor ich die Astralprojektion für mich entdeckte, hatte ich nie Zweifel daran, dass das, was wir für real halten, vielleicht gar nicht so real ist. Das lag vor allem daran, dass ich bereits damals nicht nur intensiv meditierte, sondern mich auch mit dem luziden Träumen beschäftigte und viele spirituelle Bücher las. Ich war sehr entschlossen und auch überzeugt. Als ich dann zum ersten Mal direkt aus dem Körper herauskam, verwandelte sich mein Glaube in ein tiefes bewusstes Wissen.

Ich habe nie nach Beweisen oder Bestätigungen dafür gesucht, dass meine Erfahrungen real sind. Ich habe nie daran gedacht, Experimente durchzuführen, wie es andere in Büchern getan haben, die ich gelesen habe. Dazu gehören unter anderem Experimente, bei denen man ein Bild oder eine Zahl in einem anderen Raum positioniert und sich dann dorthin projiziert, um zu überprüfen, ob man diese Dinge dort auch tatsächlich findet. Die direkte Erfahrung, die ich in meinem Herzen spürte, war Beweis genug. Doch eines Nachmittags, als ich ein Mittagsschläfchen machte, fand ich fast schon nebenbei den persönlichen Beweis für die AKE-Phänomene, nach denen so viele suchen.

Es war einer der seltenen sonnigen Sommertage, von denen wir in Großbritannien nicht sehr verwöhnt sind. Nach einem kurzen Mittagsschlaf erwachte ich und merkte, dass ich meinen Körper verlassen hatte. Erstaunt schaute ich mich um, denn ich sah genau denselben Raum und dasselbe Haus, in dem ich mich befand, aber das war es nicht, was mich irritierte. Was mich verblüffte, war die Tatsache, dass die Luft im Haus förmlich glühte, wie ein helles, warmes, goldgelbes Licht. Das Haus war eine exakte Nachbildung des Originals, bis auf einen einzigen Aspekt: das glühende goldene Licht. Es erleuchtete alles und strahlte in alle Richtungen aus, alles, was es dabei berührte, erweckte es zum Leben. Bei näherer Betrachtung waren winzige weiße Funken zu sehen, als hätte jemand Feenstaub auf alles gestreut, wie in einem Disney-Film. Mir war sofort klar, dass dies die wunderbare Wirkung des astralen Sonnenlichts sein musste.

Ich ging aus meinem Zimmer, den Flur entlang und genoss diese fantastische, leuchtende Version meines Hauses, die sich belebend und glückserfüllt anfühlte. Auf halber Treppe bemerkte ich meine Schwester. Sie saß auf dem Sofa in der Ecke des Wohnzimmers neben ihrer Freundin, von der ich nicht wusste, dass sie zu Besuch war. Sie telefonierte in ihrem Pyjama und hielt eine blaue Packung Walkers-Chips in der

> Geschmacksrichtung Käse und Zwiebel in der Hand.
>
> An diesem Tag hatte ich mich stundenlang in meinem Zimmer aufgehalten, ohne zu wissen, wo meine Schwester war oder was sie tat. Außerdem hatten wir viele verschiedene Sorten Chips im Haus, und es war die blaue Chips-Packung, die mir deutlich im Gedächtnis blieb. Ich kehrte in meinen physischen Körper zurück, wachte auf und ging sofort zur Treppe. Zu meiner großen Begeisterung sah ich exakt dieselbe Szene. Meine Schwester saß am gleichen Ort, neben derselben Freundin, die ich gesehen hatte, mit dem Telefon in der Hand. Sie trug ihren Pyjama und war mit der blauen Chips-Packung bewaffnet. Ich lächelte und fühlte mich innerlich bestätigt und zutiefst zufrieden.

Ich persönlich glaube nicht, dass wir diese Art von Erfahrungen brauchen, um an Astralprojektion zu glauben. Dennoch tragen sie sicherlich dazu bei, den Glauben und das eigene Selbstvertrauen weiter zu festigen. Ich bin mir sicher, dass die Wissenschaft in Zukunft ähnliche Experimente durchführen wird, um die Menschen davon zu überzeugen, dass die Astralprojektion tatsächlich real ist.

Auch ohne die entsprechenden wissenschaftlichen Fakten ist die direkte Erfahrung der Astralebene für die meisten Menschen Beweis genug. Vor allem dann, wenn sie die astrale Welt genau untersuchen und erkennen, wie real sie ist. Allerdings habe ich momentan bei vielen Menschen das Gefühl, dass, selbst wenn die Wissenschaft ihnen den Beweis für die Astralprojektion liefern würde, sie immer noch skeptisch wären. Letztendlich würde es immer noch auf die direkte Erfahrung ankommen, um jemanden wirklich zu überzeugen.

ZWISCHEN LEBEN UND TRAUM

Der durchschnittliche Mensch wacht auf, isst, geht zur Arbeit, kommt nach Hause, schläft und träumt vom Tag oder irgendetwas anderem. Dieser Zyklus wiederholt sich bis zu seinem Tod, mit vielleicht ein paar luziden Momenten dazwischen. Was ist der Sinn dahinter? Warum gehen wir in diesem Zyklus durchs Leben? Was wäre, wenn wir uns unserer Träume bewusst wären oder ganz zu träumen aufhören würden?

Antworten auf diese Fragen finden wir in der Tatsache, dass sich das Träumen im Wachzustand nicht wesentlich von dem im Schlaf unterscheidet. Wie auch viele Psychologen bestätigen und was uns spontan als logisch erscheint, beschäftigen wir uns in unseren Träumen in der Regel mit Dingen, die wir im Wachzustand getan oder erlebt haben. Sie sind sozusagen ein Spiegelbild unserer Erfahrungen im Wachleben. Wenn das stimmt, könnte man davon ausgehen, dass man, wenn man im Wachzustand nicht träumt, auch im Schlaf nicht träumen wird. Oder mit anderen Worten: Wenn Sie im Wachzustand bewusst sind, dann werden Sie auch im Schlaf bewusst sein. Womit wir auf jeden Fall bei einer zentralen Lehre dieses Buches angelangt sind.

Doch was genau verstehe ich unter dem „Träumen im Wachzustand“? Die meisten von uns können sich keinen genauen Begriff davon machen. Denken Sie an den Umstand, dass wir nicht wirklich wissen, wann wir träumen. Wenn wir träumen, kann es daher genauso schwierig sein, wenn nicht sogar noch komplexer, zu verstehen, warum wir größtenteils nicht wissen, dass wir träumen, wenn wir wach sind.

Wenn wir aus einem Traum erwachen, können wir ihn schnell als Traum identifizieren, wenn unglaubliche Dinge passieren, die unseres Erachtens im realen Leben nicht möglich sind. Wir sagen dann zum Beispiel: „Oh ja, das war definitiv ein Traum, denn ich habe mit einem Kamel gesprochen.“

Im Wachleben bereitet es uns weitaus mehr Schwierigkeiten, die Dinge, die wir im physischen Leben erleben, anzuerkennen. Das liegt vor allem daran, weil wir uns mehr mit ihnen identifizieren und in der Regel emotional stärker mit ihnen verbunden sind. Durch die Identifikation mit unserem Ego geben wir uns selbst einen Grund, an den Träumen festzuhalten, die wir gegen unsere Realität aufrechterhalten.

Fazit: Die Menschen halten an den Sorgen der Vergangenheit oder an ihren Ängsten vor der Zukunft fest oder sie verbringen viel Zeit und Energie damit, in Glaubenssätze zu investieren. Ferner fällt es uns schwer, zuzugeben, dass unsere Gedanken über die Welt objektiv betrachtet nicht sehr real sind. Die meisten unserer Gedanken sind für unser Leben von geringem Nutzen; tatsächlich sind sie oft die eigentliche Ursache vieler unserer Probleme. Indem wir uns bewusstmachen, wie und was wir denken, verstehen wir, wie wir effektiver denken können, sprich: Wir hören auf zu denken, wenn es nicht nötig ist.

„Nicht aufhören können, zu denken, ist ein schreckliches Leiden, aber wir sind uns dessen nicht bewusst, weil fast jeder darunter leidet und es daher als normal angesehen wird."

Eckhart Tolle

Um die Dinge weiter zu vereinfachen, könnten wir unsere gesamte Wahrnehmung der Welt als unseren „Traum vom Leben" bezeichnen. Dieser Lebenstraum ist einfach alles, was wir wahrnehmen: Gefühle, Familie, Freunde, Feinde, Hobbys, glückliche und traurige Momente, Errungenschaften, Vorlieben, Abneigungen, religiöse und politische Überzeugungen – die Liste ließe sich ewig fortsetzen. Es sind diese Inhalte, die wir über den Bildschirm unserer Sinne wahrnehmen und die wir mit unseren Gedanken ständig wiederholen und aufrechterhalten. Ein praxisnahes Beispiel: Wo auch immer Sie gerade sind – schauen Sie sich in Ihrer Umgebung um und nehmen Sie alles wahr, was Sie sehen, fühlen, hören und berühren können. Genau das ist Ihre Erfahrung der Realität im Hier und Jetzt. In dem Moment, in dem Sie jetzt beginnen, über einen bestimmten Punkt in der Zukunft oder der Vergangenheit nachzudenken, projizieren Sie einen Teil Ihres Bewusstseins in eine imaginäre Traumrealität, die letztlich keine Substanz für die objektive Realität hat. Unsere Gedanken und Träume über unser Leben existieren nicht und haben keine Objektivität im Vergleich zur direkten Erfahrung.

Folglich verliert der untrainierte Geist den größten Teil seines Bewusstseins für den gegenwärtigen Moment, weil er zu sehr mit dem eigenen Geist beschäftigt ist. Dies ist durchaus problematisch, wenn man sich auf die Astralprojektion einlassen will. Der Grund liegt auf der Hand: Wenn wir uns des gegenwärtigen Moments in unserem physischen Körper nicht bewusst sind, dann können wir ihn auch nicht schätzen. Und wenn wir das schon nicht im Jetzt können, wie sollen wir das dann außerhalb des Körpers auf astraler Ebene tun? Auch bezüglich der Fragestellung, wie wir unser Bewusstsein überhaupt aus dem Körper herausbewegen können, ist diese Erkenntnis bedeutsam. Das funktioniert nämlich nur, wenn der Geist fokussiert ist. Daher sind Meditation und Konzentration von immenser Bedeutung.

Womit wir beim ersten Schritt meiner Anleitung angelangt sind: Sie sollten sich angewöhnen, Ihr Bewusstsein im Hier und Jetzt zu verankern und sich nicht zu viele Tagträume zu erlauben. Denn falls Sie sich dabei ertappen, tagsüber zu träumen, dann werden Sie sich höchstwahrscheinlich auch dabei beobachten, dass Sie nachts in Ihren Träumen träumen. Noch ein kleines Beispiel zur Verdeutlichung: Stellen Sie sich vor, es findet eine Party statt, auf der Sie nächste Woche erscheinen sollen. Das heißt, bis dato ist diese Party noch nicht existent, und was immer Sie über sie denken, wird ein Traum sein. Jeder, der an der Party teilnimmt, kann sich vorstellen, wie sie sein wird, aber die Erfahrung wird immer eine andere sein, als wenn Sie tatsächlich auf dieser Party sind.

Genauso stellen wir uns vor, wie unser Leben sein sollte, und sind dann enttäuscht, wenn sich nicht alles so entwickelt, wie wir es uns erträumt haben. Dadurch verstricken wir uns nur noch tiefer in das Labyrinth des Geistes mit all seinen komplexen Emotionen, Reaktionen und Wünschen. Ähnlich verhält es sich mit dem gestrigen Tag. Wenn Sie über ihn nachdenken, stellen Sie vielleicht fest, dass jemand unfreundlich zu Ihnen war, und Sie sind daraufhin beleidigt oder verärgert. Die „Personifizierung“ der Erinnerungen an die Vergangenheit ist auch eine Form des Träumens, mit der wir uns identifizieren können. Was in der Vergangenheit geschah, ist passiert. Ist es da wirklich nötig, dem noch mehr Inhalt hinzuzufügen? Welchen Sinn hat solch ein Denken? Um es deutlich zu sagen: Sie müssen erkennen, dass dieser eine Moment, das Hier und Jetzt, alles ist, was jemals existiert. Es ist die einzige Realität, auf die Sie sich verlassen können, weil es die einzige ist, die Sie direkt mit Ihren Sinnen erfahren können.

Angenommen, Sie befinden sich gerade in einem Zimmer Ihres Hauses und lesen dieses Buch. Woher wissen Sie überhaupt, dass die anderen Räume in Ihrem Haus existieren, ohne dass Sie tatsächlich dort sind? Die Wahrheit ist, dass Sie das nicht wissen; Sie nehmen nur *an*, dass sie da sind. Diese Art, alles in unserem Leben *anzunehmen*, führt dazu, dass wir uns in alles hineinträumen – wir leben mechanisch auf Autopilot durch die Routine. Bei jeder Tür, die Sie in Ihrem Haus öffnen, gehen Sie unbewusst davon aus, dass es sich um den Raum handelt, den Sie erwarten. Übernehmen Sie diese Gewohnheit in den Traum, dann werden Sie Ihre Handlungen ebenso wenig hinterfragen, wie Sie sich fragen werden, ob Sie gerade in einem Traum sind. Die Umgebung wird sich damit einfach Ihrer Erwartung anpassen. Dazu kommt, dass man normalerweise im Traum nichts infrage stellt, selbst wenn die Umgebung nicht so ist, wie man es erwartet hat: Denn dies ist der Tiefschlafzustand des normalen menschlichen Bewusstseins.

Wir müssen lernen, alles, was wir aus reiner Gewohnheit als Realität betrachten, intensiv zu hinterfragen. Wenn uns irgendetwas seltsam oder ungewöhnlich vorkommt, sollten wir uns automatisch die Frage stellen, ob wir uns in einem Traum befinden oder nicht.

Denn dieses Verhaltensmuster zieht Kreise. Das sieht man insbesondere daran, dass wir im Laufe unseres Lebens oft auf Menschen treffen, von denen wir eine bestimmte Vorstellung in unserem Kopf haben, die gar nicht der Realität entspricht. Wir projizieren diese Vorstellungen auf sie und versuchen erst gar nicht, ihr wahres „Ich" zu erleben. Beobachten kann man diesen Effekt oft bei tief unbewussten Menschen. Ähnlich verhält es sich, wenn wir berühmte Persönlichkeiten in den Nachrichten sehen und uns ein Bild von ihnen machen, obwohl dieses nicht unbedingt der Realität entspricht. Dennoch identifizieren wir uns oft mit Prominenten und halten unsere mentalen Projektionen von ihnen aufrecht, als ob sie eine Gottheit wären, die es zu verehren gelte.

Tagträumen bedeutet, dass wir unser Bewusstsein in einen Traum projizieren. Das ist nichts anderes als das, was wir tun, wenn wir schlafen. Wir erschaffen einen Traum von uns selbst und darüber, wer wir zu sein glauben. Was aber passiert, wenn man *glaubt*, zu wissen, wer man ist? Nun, dann stellt man dies meist nicht infrage. „Wer bin ich?" – diese Frage bleibt dann unbeantwortet. Dabei sollten wir ihr unbedingt auf den Grund gehen. Es ist eine Frage, die einen tiefen Sinn in unserem Leben hat, und es ist fast schon tragisch, wenn wir uns zeit unseres Lebens keine Gedanken über sie machen. Sie fragen sich jetzt vielleicht: „Aber wer bin ich, wenn nicht das, was ich über mich denke?" Ist es so schwer zu akzeptieren, dass man nicht weiß, wer man ist, und dass es eine persönliche Kraft gibt, die in der Akzeptanz der Geheimnisse des Lebens liegt? Der Verstand will immer alles wissen – er hat Angst vor dem Nichtwissen. Deshalb steckt er uns und unsere Ideen in Schubladen und etikettiert alles. Wenn wir den Mut aufbringen, uns von den Ideen über uns und den damit verbundenen Identifizierungen zu verabschieden, dann erst beginnt die Realität über uns selbst zum Vorschein zu kommen.

„Ich habe keine Routinen, keine persönliche Geschichte. Eines Tages wusste ich, dass all das für mich nicht mehr notwendig war, und wie vom Trinken ließ ich davon ab. Man muss den Wunsch haben, sich davon zu lösen, und behutsam dabei vorgehen, sich langsam distanzieren. Wenn man keine persönliche Geschichte hat, bedarf es auch keiner Erklärungen; niemand ist wütend oder enttäuscht über die eignen Taten. Und vor allem wird man von niemandem auf seine Gedanken festgelegt. Am besten ist es, alle persönlichen Geschichten auszulöschen, denn das macht uns frei von den belastenden Gedanken anderer Menschen. Ich habe nach und nach einen Nebel um mein Leben und mich gebildet. Jetzt weiß niemand mehr genau, wer ich bin oder was ich tue. Nicht einmal ich. Wie kann ich wissen, wer ich bin, wenn ich all das bin?"

Don Juan Matus (Carlos Castaneda)

Wenn Sie die Auswirkungen der übermäßigen persönlichen Identifikation verstehen und sich von all den nutzlosen Träumen befreien, die Sie mit ihrer Energie nähren, lernen Sie, Ihr eigenes Bewusstsein zu individualisieren. Sie beginnen, mehr Macht darüber zu erlangen, welche Art von Realität oder welchen „Traum vom Leben" Sie bewusst erschaffen wollen. Ich will damit nicht sagen, dass es nicht gut ist zu träumen. Im Gegenteil, es ist ein kreatives Geschenk der Natur. Das Problem ist, dass wir nicht mit dieser Gabe umgehen können. Wir nutzen sie unbewusst und zerstörerisch. Sehen Sie sich nur die Menschheit an, sie ist förmlich besessen vom negativen Denken. Daher ist der folgende Rat grundlegend: *Erkennen Sie, dass Sie immer träumen, auch wenn Sie wach sind.* Durch diese Erkenntnis haben Sie mehr Kontrolle darüber, ob Sie überhaupt träumen wollen. Wenn wir aufhören zu träumen und uns dem Fluss des Lebens unterordnen, werden wir erkennen, dass wir niemals etwas in unserem Leben kontrollieren mussten – dass alles ganz natürlich geschieht.

„Wahre Eingeweihte träumen nicht. Träume sind für diejenigen, die schlafen. Wahre Eingeweihte leben in den höheren Welten, außerhalb des physischen Körpers, in einem Zustand intensiver Wachheit, ohne jemals zu träumen."

Samael Aun Weor

Sie denken jetzt vielleicht: „Aber ich denke doch gerade an gar nichts und ich träume nicht." Tatsache ist, dass wir so viele Überzeugungen, Gedanken und Identifikation in uns tragen, dass in unserem Geist weitaus mehr vor sich geht, als wir normalerweise erfassen können. Das bezieht sich auch auf all unsere Empfindungen und unsere eigene „Schwingung". Unsere Träume sind zu Gewohnheiten geworden, die im Abgrund unseres Unter- und Unbewusstseins schlummern.

Es gibt unendlich viele Stufen der inneren Stille des Geistes.

In einer tiefen meditativen Erfahrung kann man Halluzinationen erleben, wenn das Bewusstsein ruhig und identitätslos ist. Unser Bewusstsein basiert auf vielen tiefen Schichten, und jeder Gedanke, jeder Glaube und jede Identifikation, die wir in uns tragen, bestimmt, wie wir sind, was wir fühlen, wie wir sprechen und wie wir etwas wahrnehmen. Respektive, wie unsere Schwingungsenergie ist.

Wann haben Sie das letzte Mal in sich hineingeschaut und sich genau gefragt, was Sie denken oder fühlen? Wie Sie *sich wirklich fühlen*? Das ist eine weitere gute Angewohnheit, die Sie jeden Tag in Ihr Leben integrieren sollten. Sie können sich jederzeit im wachen Leben fragen: „Was denke ich?", „Was fühle ich?"

Reagieren Sie nicht mechanisch auf sich selbst. Seien Sie einfach in der Stille und beobachten Sie; es genügt, sich dessen bewusst zu sein. Wann haben Sie sich das letzte Mal wirklich in Ihrer Umgebung umgesehen und waren ohne Gedanken präsent? Wann haben Sie das letzte Mal die Dinge um sich herum wertgeschätzt?

Wenn Sie sich daran erinnern können, wann Sie all dies das letzte Mal getan haben, überlegen Sie, wie lange Sie es taten und ob Sie diese Momente der Präsenz zu schätzen wussten.

Diese Augenblicke der Gegenwart, die für uns ganz natürlich sein sollten, haben wir nicht häufig genug. In der Folge verlieren wir uns und sind gefangen in den Vorstellungen und dem endlosen Geplapper in unserem Kopf. Wir sind gefangen in dem, was andere sagen, und „in der Welt um uns herum".

So reagieren wir auf alles, was wir sehen, und geben eine persönliche Meinung zu jeder Angelegenheit ab. Wir erfinden Geschichten über unsere glückliche oder traurige Vergangenheit. Über die Probleme, die wir in unserer gegenwärtigen Situation haben, über mögliche Schwierigkeiten oder auch Glücksfälle, die uns in der Zukunft ereilen könnten oder auch nicht. Denken Sie doch einmal darüber nach, wie es wäre, all das loszulassen. Würden Sie sich nicht befreiter fühlen?

Ich betone diese Punkte deshalb so ausführlich, weil diese Bewusstseinszustände gleichbedeutend mit unseren Träumen sind, die immer auf unseren inneren Zustand reagieren. Daher können sie auch bestimmen, ob Sie sich in einen Traum oder eine objektive Realität projizieren, wenn Sie nachts schlafen.

Wenn Sie sich in einem Traum befinden, kann sich das, was Sie denken, oft sofort genauso manifestieren, wie Sie es sich wünschen. Vorausgesetzt, Sie haben dies gut trainiert. Ganz im Gegensatz zur Astralwelt, dort gestaltet sich die Umgebung anders. Die Objekte manifestieren sich nicht genau entsprechend dem, was Sie denken; sie reagieren stärker auf Ihre *Gefühle*.

Sind Sie zum Beispiel ein sehr ängstlicher oder furchtsamer Typ, ist es wahrscheinlich, dass Sie sich in tiefere und dunklere Regionen der Astralebene begeben, da diese eher Ihrem Bewusstseinszustand entsprechen.

Ähnlich verhält es sich, wenn Sie ein sehr positiver und glücklicher Mensch sind. In diesem Fall landen Sie voraussichtlich in angenehmeren und erhabeneren Bereichen.

Der Durchschnittsmensch lebt sein ganzes Leben lang kontinuierlich in einem traumähnlichen Zustand, ohne auch nur einen Moment darüber nachzudenken, ob sein Leben überhaupt ein Traum ist. Die Vorteile, die sich aus dem Bewusstwerden unserer Träume ergeben, sind vielfältig. Sie reichen von der Erkenntnis, wie wir unsere Lebensziele erreichen können, über die Verbesserung unserer Beziehungen bis hin zu bewusstseinserweiternden außerkörperlichen Erfahrungen jenseits des Physischen und der Erlangung spiritueller Erleuchtung.

An dieser Stelle fragen Sie sich vielleicht, warum ich so ausführlich über das Erwachen des Bewusstseins spreche und wie das alles mit der Astralprojektion zusammenhängt. Offen gesagt gehen die meisten Bücher über Astralprojektion nicht genug auf diesen Punkt ein. Astralprojektion ist im Grunde eine spirituelle Praxis, für die spirituelles Gleichgewicht und Wohlbefinden eine Grundvoraussetzung sind, damit wir einen Einblick in die Geheimnisse der Wahrnehmung und der AKE erhalten. Das Reisen außerhalb des Körpers ist in jeder Hinsicht mit einem Erwachen des Bewusstseins gleichzusetzen. Es ist von großem Nutzen, zu verstehen, was da wirklich vor sich geht, um es als das schätzen zu können, was es ist. Wir müssen diese Erfahrung genauso wertschätzen, so wie wir es mit oberflächlichen Dingen wie Prominenten, Sport oder Geld tun.

Wenn Sie lernen wollen, wie man astral projiziert, müssen Sie sich engagieren. Sie müssen das Thema studieren, darüber lesen, Videos ansehen, sich inspirieren lassen, meditieren und die hier vorgeschlagenen Methoden praktizieren. Manche Menschen tun sich dabei leichter als andere, aber im Prinzip kann es jeder. Im Endeffekt läuft es darauf hinaus, dass man sich einfach Mühe geben muss, so wie bei allem im Leben. Wie heißt es so schön: Übung macht den Meister. Im Grunde setzt die Astralprojektion das gleiche Engagement voraus, wie wenn

Sie eine Kampfsportart erlernen. Sie müssen sich überwinden, mit den Techniken befassen, sie umsetzen und sie mit Körper und Geist in Einklang bringen, bis Sie sie beherrschen.

Statt sich von ineffektiven Methoden und komplexen Praktiken verleiten zu lassen, wie man sie oft in Büchern findet und die schnelle Ergebnisse versprechen, empfehle ich, dass Sie einfach auf ihr praktisches Verständnis vertrauen. Indem wir instinktiv die Mechanismen hinter der außerkörperlichen Erfahrung verstehen, übernehmen wir unsere eigene intuitive Praxis.

Dieses Buch soll Ihnen neue Denkanstöße geben. Es ist so etwas wie Nahrung für Ihre Seele. Diese tiefgreifenden und kontinuierlich gedankenlosen Glückszustände im Wachzustand oder im Schlaf, von denen ich hier spreche, benötigen Zeit und Praxis. Aber auch die feste Entschlossenheit, ein besseres und spirituelles Leben zu führen, ist eine Grundvoraussetzung. Also beginnen Sie damit, Ihren Geist mit neuem, wertvollem Input und kritischen Gedanken zu füttern.

Wenn wir von außerkörperlichen Erfahrungen sprechen, ist nicht irgendeine besondere oder von Menschen entwickelte Erfahrung gemeint. Wir haben es mit dem Leben selbst zu tun, nicht mit einem seltsamen Phänomen, das nur einige wenige erleben. Die außerkörperliche Erfahrung ist uns allen gegeben, nur sind wir uns dessen meist nicht bewusst. Deshalb müssen wir uns mit unserem Leben auseinandersetzen und dürfen die Astralprojektion nicht nur als eine Art separates Hobby oder beiläufiges Interesse betrachten. Sie ist eine heilsame Praxis, die uns auf jeder Ebene unseres *Seins* positiv und tiefgreifend beeinflusst. Ein Kung-Fu-Meister übt seine Kampfkunst auch nicht nur gelegentlich zum Spaß aus. Er nimmt sie ernst, und er lebt sein Leben im Geiste der Philosophie, die seine Kampfkunst lehrt. Dadurch wächst er und formt seinen Charakter. Der Weg der Astralprojektion ist absolut derselbe, wenn nicht noch anspruchsvoller. Denn um Sie zu beherrschen, muss man sich wirklich mit sich selbst auseinandersetzen. Dazu gehören Kraft und Mut, aber auch Ehrlichkeit gegenüber sich selbst und der Wille, bestimmte Aspekte von sich selbst loszulassen. Anhaftung ist eine reale Sache. Dies ist der Weg des spirituellen Kriegers.

> *„Ein Krieger erkennt seinen Schmerz an, gibt ihm aber nicht nach. Die Stimmung des Kriegers, der sich ins Unbekannte begibt ist nicht traurig, sondern fröhlich, weil er Demut vor dem Glück empfindet.*
>
> *Er ist zuversichtlich, weil sein Geist tadellos ist, und vor allem, weil er sich seiner Effizienz bewusst ist. Die Freude des Kriegers rührt daher, dass er sein Schicksal akzeptiert, und er all das, was vor ihm liegt, richtig eingeschätzt hat."*
>
> *Don Juan Matus (Carlos Castaneda)*

Im ersten Moment werden Sie vielleicht enttäuscht sein, wenn Sie feststellen, dass dieses Buch keine allgemeingültige strategische Methode zur Astralprojektion bereithält. Doch Sie dürfen beruhigt sein, das hat seinen guten Grund, denn oft genug scheitert das Projekt Astralprojektion genau an dieser Vorgehensweise.

Von klein auf wurde unser Verstand darauf konditioniert, Probleme zu lösen und Aufgaben mit einem methodischen Ansatz zu verfolgen. Das ist eine bewährte Technik, was unsere Aufgaben im irdischen Leben betrifft, aber wenn es um die transzendentale und befreiende Erfahrung der Astralreise geht, müssen wir uns von den angelernten Methoden verabschieden; genauer gesagt. Wir müssen über das übliche begrenzte Denken hinausgehen. Hier greifen keine Schritt-für-Schritt-Rezepte, als ob wir ein Mikrowellengericht zubereiten.

Die Realität ist, dass die Intelligenz des Bewusstseins jenseits des intellektuellen Verständnisses liegt. Es ist ein Irrtum, anzunehmen, dass der Verstand die Kontrolle über das Bewusstsein hat oder dass er es durch Etiketten und Sprache verstehen kann. Das Gegenteil ist der Fall: Das Bewusstsein hat immer *die* Kontrolle über den Verstand, ob wir nun eine falsche Vorstellung davon haben oder nicht. In den Tiefen des transzendentalen Bewusstseins befinden sich alle spirituellen Wahrheiten.

Begeben Sie sich in diese Dimensionen der Präsenz und Klarheit, während Sie wach sind, und Sie werden auch im Schlaf dorthin reisen. Im Laufe dieses Buches werde ich verschiedene Praktiken vorstellen und eine Art Kurzfassung meines persönlichen Ansatzes offenbaren. In der Hoffnung, dass Sie nach dieser Lektüre verstehen, dass die Astralprojektion effektiver ist, wenn wir sie intuitiv und instinktiv mit der Intelligenz des Herzens angehen. Auch wenn Sie vielleicht denken, dass dies eine etwas vage Beschreibung ist, in der Praxis ist sie absolut wahr. Das Herz weiß viel besser, wie man astral projiziert, als das Gehirn.

An dieser Stelle möchte ich unbedingt Folgendes klarstellen: Dieses Buch wird niemals die Ursache dafür sein, dass Sie astral projizieren können; kein Buch kann das. Sie müssen dies für sich selbst tun. Ich wünsche mir nur, dass die Vermittlung meines Verständnisses dieser Realitäten Ihnen helfen wird, die Praxis der AKE für sich selbst zu erahnen.

Eine weitere Sache, die absolut klar sein sollte, ist, dass diese nichtphysischen Realitäten, über die unsere moderne Wissenschaft so wenig weiß, für uns alle direkt zugänglich sind. Unabhängig davon, wer wir sind, welches Alter wir haben und woran wir glauben. Sie können jeder Religion und jedem Glaubenssystem angehören. Für einige mag sich die AKE schwieriger gestalten als für andere, aber das hat absolut nichts damit zu tun, ob Sie ein Wissenschaftler oder ein religiöser Mensch sind, ob Sie alt oder jung sind oder eine bestimmte Profession ausüben.

In der Tat kann ein Wissenschaftler mehr Chancen haben, eine Astralreise zu erleben, als ein religiöser Mensch und umgekehrt, je nach Art des Glaubens. Zum Beispiel neigen einige angesehene Wissenschaftler zu objektiven Bewusstseinszuständen. Zutiefst vom Verstand geprägte Menschen sind in der Regel eher zurückhaltend, wenn es darum geht, an etwas zu glauben, was sie nicht selbst erfahren haben. Ein Wissenschaftler, der nur an das glaubt, was er physisch sehen kann, könnte also durchaus Schwierigkeiten haben, eine außerkörperliche Erfahrung zu machen. Manch hochreligiöser Mensch mag sogar die Ansicht vertreten, dass Astralprojektion eine Art Sünde ist. Dazu möchte ich anmerken: Wie kann etwas, das für uns so natürlich ist, eine Sünde sein? Ist es doch so selbstverständlich wie das bewusste Atmen. Solch ein Irrglaube kann unseren Bemühungen nur im Wege stehen. Hingegen hätte ein religiöser Mensch, der zu jeder Art von Gott betet und ihn bittet, ihn aus seinem Körper herauszuholen, wahrscheinlich eine größere Chance, astral zu projizieren. Letztendlich zählt nur eines: für alles offen zu sein, ganz gleich, welchen Hintergrund oder Glauben wir haben.

Wenn Sie lernen, astral zu projizieren, bedeutet das nicht, dass Sie etwas Neues lernen. Sie werden sich einfach einer angeborenen Fähigkeit bewusst, die bereits in Ihrem Bewusstsein vorhanden ist. Es handelt sich dabei nicht um eine seltsame oder gottähnliche Kraft, sondern um etwas völlig Normales. So wie viele danach streben, sich selbst besser kennenzulernen, ist die Astralprojektion nur ein weiterer Aspekt von uns. *Erkennen Sie sich selbst!*

Übung 1: Bewusstseinszentrierung

1. Atmen Sie die Entspannung tief in den Bauch hinein, und atmen Sie mit einem Gefühl von Frieden und Hingabe aus. Wiederholen Sie diese Übung so oft Sie möchten. Werden Sie dabei zum Beobachter Ihres Atems. Lassen Sie ihn in seinem automatischen, natürlichen Zyklus fließen, und sehen Sie ihn. Nehmen Sie wahr, wie er ganz natürlich ein- und ausströmt, ohne dass Sie sich bewusst darum bemühen.

2. Fragen Sie sich: „Wie fühle ich mich?“ Erweitern Sie Ihre Aufmerksamkeit auf Ihren Körper, insbesondere auf die Herzgegend, und konzentrieren Sie sich dabei sanft auf Ihren Atem. Beantworten Sie die Frage nicht gedanklich, sondern atmen und *fühlen* Sie diese nur.
3. Nun fragen Sie sich: „Was denke ich gerade?“ Dringen Sie nicht zu tief oder gewaltsam in Ihre Gedanken hinein. Bleiben Sie im unvoreingenommenen, objektiven, nicht urteilenden Gewahrsein.
4. Atmen Sie weiter und werden Sie sich Ihres Atems, Ihrer Emotionen und Ihrer Gedanken in diesem neuen Zustand bewusst.
5. Schauen Sie sich langsam um, ohne Dinge zu benennen oder sich auf bestimmte Objekte zu konzentrieren. Nehmen Sie die visuelle Erfahrung einfach als Ganzes auf, wie ein Baby es tun würde.
6. Machen Sie dasselbe mit Klängen. Hören Sie nicht auf ein bestimmtes Geräusch, sondern nehmen Sie den „Soundtrack“ des Lebens als Ganzes – neutral und losgelöst wahr.
7. Üben Sie sich in der Wertschätzung Ihrer Erfahrung. Schätzen Sie alles, was Ihnen begegnet: die Schönheit des Sonnenlichts, das durch ein Fenster einfällt, die Blumen am Wegesrand oder einfach die Tatsache, dass Sie am Leben sind. Sie dürfen diese wunderbare und mystische Erfahrung machen, die das Leben ist. Bereichern Sie diese, indem Sie die Dinge nicht mehr etikettieren oder eine Geschichte über sie erzählen.
8. Verbleiben Sie in diesem gedankenlosen Zustand der Wertschätzung und Zentriertheit, indem Sie sich auf das Atmen konzentrieren. Fühlen Sie das damit verbundene, wunderbar weiche Gefühl in der Herzgegend. Wenn Sie dies den ganzen Tag über beibehalten können, wird sich Ihre Gesundheit, Lebensqualität und Fähigkeit zu projizieren erheblich verbessern.

Befolgen Sie diese Schritte achtsam und intuitiv, denn sie ermöglichen es Ihnen, in einen tiefen Zustand einzutauchen. Schließen Sie die Augen und erkunden Sie ihn. Erlauben Sie sich, tiefer hineinzugehen, ohne zu denken. Bleiben Sie dennoch präsent und gleiten Sie nicht in zufällige Träume ab.

Machen Sie diese Meditation ein- oder zweimal am Tag und verharren Sie dabei in Bewegungslosigkeit. Stellen Sie einen Timer auf zehn oder fünfzehn Minuten ein und testen Sie, wie lange Sie die allgemeine Konzentration und Präsenz aufrechterhalten können, ohne von unerwünschten Gedanken und Gefühlen unterbrochen zu werden. Sie werden spüren, wann Sie die Zeitspanne auf dreißig Minuten oder eine Stunde ausdehnen können. Nehmen wir an, Sie meditieren in dieser Form über einen längeren Zeitraum vor dem Schlafengehen. In diesem Fall kann ich Ihnen fast garantieren, dass Sie aufregend lebendige und spannende Träume haben werden. Vorausgesetzt, Sie haben sich angewöhnt, Ihre Träume jeden Morgen in ein Tagebuch zu schreiben, um sich an sie zu erinnern.

WIR VERLASSEN UNSEREN KÖRPER JEDE NACHT

In den Büchern über Astralprojektion wird nur selten darauf eingegangen, dass wir den Körper jede Nacht unbewusst verlassen.

Sowohl in der modernen als auch in der traditionellen Medizin weiß man, dass bestimmte Verhaltensweisen und psychische Zustände unsere Gesundheit beeinträchtigen. Es gibt zahlreiche spirituelle und wissenschaftliche Studien, die darauf hindeuten, dass Wut und Zorn eine schädigende Wirkung auf bestimmte Organe haben können. Ich denke, dass es in dieser Hinsicht einen wachsenden Konsens in der Gesellschaft gibt. Der physische Körper steht unter ständigem Stress. Dieser wird nicht unbedingt durch äußere Quellen ausgelöst, oft genug ist er auch auf die eigene Psyche zurückzuführen. Dies betrifft insbesondere unsere Reaktion auf die äußere Realität. Wenn der Körper schläft, muss dieser Teil unseres Bewusstseins, sprich unsere Psyche, den physischen Körper verlassen, damit er sich auf natürliche Weise selbst heilen kann. Um dies zu erreichen, bedarf es eines Zustands der tiefen Ruhe und des bewussten Atems mit dem Ziel, die Störungen des Egos über viele Stunden außer Kraft zu setzen. Erst wenn wir nach dem Aufwachen wieder in unseren Körper eintreten, beginnen wir erneut mit unserem zwanghaften Denken und vergessen dabei, bewusst zu atmen. Beachten Sie, dass Ihre Atmung im Wachzustand sehr flach sein kann, im Schlaf aber sehr tief. Das gilt besonders für diejenigen, die mehr von ihrem *Sein abgeschnitten* sind.

Vielleicht bemerken Sie auch spontane, plötzliche „Zuckungen“, wenn Sie manchmal einschlafen, und werden dadurch abrupt geweckt.

Bei diesen vermeintlichen „Zuckungen“ handelt es sich in Wirklichkeit um Ihren Astralkörper oder Ihr Bewusstsein, das in Ihren physischen Körper zurückfällt oder „sich wieder einklinkt“, während Sie in den Bereich des Schlafes oszillieren.

Der Unterschied zwischen dem luziden Traum und der Astralprojektion

Wenn wir nachts schlafen, verlässt das Bewusstsein den Körper und tritt in die Welt der Träume ein. In diesem Sinne kann man das Träumen als eine Art unbewusste Form der Astralprojektion bezeichnen.

Nehmen wir an, Sie gehen nach draußen und sehen dort eine Menschenmenge, dann sind diese Personen in Wirklichkeit alle in ihrer eigenen Welt oder einem eigenen Traum versammelt. Nicht physisch, sondern in ihren Köpfen, sozusagen. Ähnlich verhält es sich auch auf der Astralebene. Wenn das Bewusstsein nachts den Körper verlässt, befindet es sich oft nicht in der objektiven Astralerfahrung, sondern eher in einer subjektiven Traumwelt unserer eigenen Vorstellung.

Auf den ersten Blick mag es keinen großen Unterschied zwischen dem luziden Träumen und der Astralprojektion geben. Der Schlüssel zur Differenzierung liegt darin, wie sich die Erfahrung anfühlt. Anfangs muss man sich darüber allerdings keine Gedanken machen. Bei jedem dieser Phänomene handelt es sich um nichtphysische Realitäten, die eine immense Bedeutung für uns haben, da sie uns neue Lernmöglichkeiten eröffnen. Träume können lebhaft sein, die Astralprojektion zeichnet sich hingegen durch einen ausgeprägten Hyperrealismus und ein tiefes „Wissen“ aus. Dies wird uns insbesondere dann klar, wenn wir spüren, dass wir unseren Körper verlassen und diesen dann in unserem Zimmer stehen sehen.

In ihrer tiefsten Essenz sind luzides Träumen und Astralprojektion sehr unterschiedlich. Man kann sagen, dass der Traum die innere, subjektive Erfahrung unserer eigenen Fähigkeit, unendliche Möglichkeiten zu erschaffen, ist. Die Astralprojektion ist eine äußere, objektive Erfahrung tatsächlicher Dimensionen, die ähnliche Gesetze und Begrenzungen haben wie die physische Ebene. Im Gegensatz zum Traum ist die Astralebene ein natürlicher und greifbarer Ort, an dem Sie mit anderen interagieren können. Manchmal verschwimmen die Grenzen zwischen Astral- und Traumerfahrungen, und es kann schwierig sein, den Unterschied zu erkennen. Es gibt keine absolute Formel, mittels derer man feststellen kann, ob es sich um einen Traum oder die Astralebene handelt, es sei denn, man ist erfahren. Das ist normalerweise erst nach jahrelanger Übung der Fall und auch nur dann, wenn man hinsichtlich der Unterscheidungsmerkmale sehr konsequent ist. Wichtig ist, dass wir eines lernen: Träume können genauso bedeutsam, wenn nicht sogar noch vielsagender sein als Astralprojektionen, was den eigenen spirituellen Fortschritt betrifft. Viele Menschen, die sich mit der Astralprojektion beschäftigen, übersehen die immense Bedeutung der Träume, das ist ein typischer Anfängerfehler. Träume sind essenziell; sie offenbaren die Themen, an denen wir arbeiten und die wir hinter uns lassen müssen. Wenn Sie sich mit dem Gedanken tragen, die astralen Welten zu erforschen, müssen Sie aufhören zu träumen und in der Realität präsent sein. Befreien Sie sich von Fantasien und zwanghaften Gedanken, insbesondere von destruktiven. Diese werden uns oft nachts in unseren Träumen offenbart. Unsere Träume können sich uns durch Metaphern und symbolische Bedeutungen erschließen. Legen Sie sich hierfür am besten ein Traumwörterbuch zu. Der beste Weg, Ihre Träume zu interpretieren, ist durch Übung, Introspektion und Intuition.

Wenn wir verstehen, dass wir jede Nacht aus dem Körper kommen, kann das viele Fragen bezüglich unserer eigenen Praxis beantworten. Zum Beispiel machen sich viele Menschen Gedanken darüber, welche „besonderen" Dinge sie beim Einschlafen tun sollten, um aus dem Körper zu kommen. Es gibt keine bestimmte Position, in der man schlafen sollte, ein normaler, entspannender Schlaf ist alles, was erforderlich ist. Die Trennung vom Körper kann während der Einschlafphase, aber auch spontan mitten in einer unbewussten außerkörperlichen Erfahrung oder in einem Traum, der bereits stattfindet, erfolgen. Der Schlüssel liegt in der Absicht, vor dem Einschlafen bewusst zu werden: Sie können dies tun, indem Sie die folgenden Worte sprechen: „Ich werde im Schlaf bewusst werden."

Ich habe zahlreiche Begegnungen mit Menschen auf der Astralebene gehabt, bei denen ich sofort wusste, dass sich diese nicht bewusst sind, dass sie sich außerhalb des Körpers befinden. Eine besonders bedeutsame und ereignisreiche Erfahrung war die, als ich etwa hundert Menschen begegnete, die alle an einem „Kurs" teilnahmen und die sich allesamt nicht dessen bewusst waren, dass sie nicht in ihrem Körper waren.

Die Lehre einer Priesterin über das Ego

22. Januar 2021

Diese Erfahrung begann mitten in einem Traum. Ich befand mich im Haus meines Onkels, es war Nacht und wir schickten uns gerade an, schlafen zu gehen. Also richtete mein Onkel in seinem Wintergarten das Bett für mich. Ich blickte aus dem Fenster auf ein wunderschönes offenes Feld, das von Mondlicht durchflutet wurde. Mir fiel auf, dass die Energie hier perfekt für

Astralprojektionen wäre, und erzählte es ihm. Wir unterhielten uns noch ein paar Minuten darüber, danach ging ich ins Bett und schlief friedlich in diesem Traum ein.

Als Nächstes sehe ich mich, wie ich über das Feld in der Nähe des Ortes, an dem ich gerade eingeschlafen bin, laufe, und erkenne, dass es ein Traum ist. Ich hatte in jüngster Vergangenheit in einem Buch über Schamanismus von Merilyn Tunneshende über Gestaltwandlung gelesen und bereits eine ihrer Methoden ausprobiert. Also beschloss ich, mich in einen schwarzen Panther zu verwandeln. Ich stellte mich auf alle vier Glieder und lief einige Minuten lang in der Gestalt einer großen Katze umher. Danach fasste ich den Entschluss, über den Traum hinauszugehen und die Astralebene zu betreten. Ich zählte langsam von fünf auf eins herunter, mit der Absicht, mein Bewusstsein vorsichtig in meinen physischen Körper zurückzubringen und dann wieder aus ihm herauszukommen.

Wie erwartet spürte ich, wie ich mir meines physischen Körpers bewusst wurde. Der Übergang vom Traum zum physischen Körper war jedoch so langsam, dass es mir nicht schwerfiel, jegliche Bewegung zu vermeiden. Ich schwebte sofort nach oben aus meinem Körper heraus und flog direkt auf die Straße vor meiner Wohnung. Es war früh am Morgen, und da ich zu dieser Zeit in der Londoner Innenstadt lebte, sah und spürte ich die Hektik der gerade erwachten Stadt. Es wimmelte nur so von Autos und Menschen. Dadurch fühlte ich mich etwas unausgeglichen, und so setzte ich mich im Schneidersitz auf den Bürgersteig und begann zu meditieren, indem ich mich auf meine Atmung konzentrierte. Ich hielt dabei meine Augen offen, damit ich in diesem astralen Gegenstück des Physischen geerdet blieb.

Während ich meditierte, verzehnfachte sich mein Bewusstsein. Ich bemerkte jedes Detail: das Straßenpflaster, den blauen Himmel, die strahlende Morgensonne und das Rascheln der Blätter der üppigen Bäume auf den Straßen. Ich erntete ein paar irritierte Blicke von Fremden und vermochte nicht zu beurteilen, ob die Menschen, die ich ansah, im physischen oder im astralen Raum waren.

Ich analysierte den cremefarbenen Zementboden und die schwarzen Eisenzäune neben mir und spürte, wie mich der Hyperrealismus überkam. Als ich die kalten schwarzen, grob gestrichenen Zaunlatten der angrenzenden Gärten berührte, fühlten diese sich genauso physisch an wie im Wachleben, wenn nicht noch realistischer. Ich ging noch ein Stück weiter die Straße hinunter. Mein Blick wanderte zu einer vertrauten Kirche in der Nähe meines Wohnorts. Sie sah genauso aus wie im physischen Leben. Gegenüber dieser Kirche befindet sich ein Kreisverkehr, mit einem anschließenden Park. Im astralen Gegenstück war da aber keine Kirche, sondern ein riesiger, majestätisch anmutender Tempel. Ich machte mich auf den Weg dorthin.

Ich folgte den etwa fünfzehn Stufen hinauf zu einem gigantischen Holztor und öffnete dieses einen Spalt. Als ich hineinspähte, bemerkte ich überrascht, dass ich in einen Raum blickte, in dem etwa hundert Menschen versammelt waren. Sie nahmen anscheinend an einer religiösen Messe teil. Neugierig geworden ging ich leise in den Tempel hinein und setzte mich in die letzte Reihe. Alle hörten gebannt einer Priesterin auf einem Podium zu. Sie saß auf einem einfachen Stuhl vor einem Tisch. Mir wurde schnell klar, dass es sich hier nicht um eine traditionelle religiöse Messe handelte, wie in einer physischen Kirche, sondern um eine Unterweisung durch eine weise „Astralhelferin“.

Tatsächlich erkannte ich die Frau, gemäß dem, was mein gnostischer Lehrer mich gelehrt hatte, als spirituelle Meisterin. Durch ihn wusste ich, dass man die spirituellen Meister auf der Astralebene an der Farbe ihrer Gewänder identifizieren kann. Diese waren in der Regel weiß und silbern. Genau solch ein Gewand trug die Priesterin. Sie sah mich freundlich an, während sie sprach, und ich lächelte zurück. In Anbetracht der vielen Menschen, die anwesend waren, fand ich das sehr aufmerksam von ihr. Doch bald wurde mir klar, dass sie während dieses Blickkontakts Multitasking betrieb. Sie kommunizierte telepathisch mit mir und beantwortete gleichzeitig die Fragen der Anwesenden. Sie war eine echte Künstlerin darin und sagte zu mir:

„Ich erkenne dich an, genieße die Erfahrung, aber eigentlich musst du nicht bleiben. Diese Sitzung ist für die Öffentlichkeit. Dies sind grundlegende Lehren."

Ich bestätigte die telepathische Kommunikation mit ihr und blieb trotzdem – fasziniert von der ganzen Situation. Ich schaute mir all die Menschen an und bekam eine starke Intuition, dass die meisten hier unbewusst aus ihrem Körper heraus projizierten. Fast alle schienen unglaublich aufgeregt und euphorisch zu sein, aber nicht auf eine beherrschte Art und Weise. Womit sich meine Wahrnehmung bestätigte, dass die Menschen hier nicht bewusst waren.

Eine Person stellte eine Frage, die sich auf Gott bezog. Um sie zu beantworten, wies die Priesterin alle an, im Koran und in der Bibel nachzuschlagen und darüber zu diskutieren. Was war das für ein schönes Ereignis, im Gegensatz zu den üblichen Treffen in Kirchen. Hier studierten die Menschen gemeinsam die Texte unterschiedlicher Religionen.

Nachdem die Priesterin einen Vers aus dem Koran erklärt hatte, bat sie alle Anwesenden, ihre selbst gebastelten Masken hervorzuholen. Ich schaute mir die offensichtlich handgefertigten Unikate an, die an schamanische Masken erinnerten. Sie waren aus dunklem Holz gefertigt und sahen auf eine charmante Weise unvollkommen aus, was sie einzigartig machte. Es wurde mir schnell klar, dass dies eine symbolische Lektion über das Ego war. Alle begannen, sich gegenseitig ihre Masken zu zeigen, stolz auf das, was sie erschaffen hatten.

Kurz darauf ging die Priesterin herum und nahm eine Maske nach der anderen in Augenschein und begutachtete sie. Mit einem „magischen“ Stift tippte sie auf jede Maske und verwandelte sie in strahlendes Gold, wobei sie alle Unvollkommenheiten beseitigte. Dann ging die Priesterin zu einer Frau, um ihr die Maske abzunehmen. Doch die Frau sagte verzweifelt zu ihr:

„Ich will nicht, dass sie meine Maske in Gold verwandeln.“

Die Priesterin nahm ihr die Maske trotzdem ab und antwortete mit Nachdruck: „Das ist aber notwendig.“ Sie verwandelte die Maske in Gold und gab sie ihr zurück. Die Frau starrte daraufhin fassungslos auf ihre Maske. Die zuvor aufgebrachte Atmosphäre hatte sich nun auf mysteriöse Weise verändert. Es herrschte Stille, und alle schauten staunend zu. Auf einer tiefen, unterbewussten Ebene schien der Verwandlungsakt weitaus mehr zu bewirken und zu vermitteln, als wenn sich die Menschen nur über den Koran oder die Bibel unterhalten hätten.

Die Priesterin ging weiter zu den einzelnen Personen und kam schließlich zu mir. Ich hatte keine Maske. Stattdessen lächelte sie und hielt mich freundlich am Handgelenk fest, sodass ein Armband mit einem Kruzifix-Anhänger zum Vorschein kam.

Sie verwandelte den Anhänger in Gold. Ich bedankte mich bei ihr und lächelte.

Nach einiger Zeit kam eine neue Person durch die Tür, und ich war erstaunt, dass es eine alte Arbeitskollegin von mir war. Im wirklichen Leben hatte ich sie als traurige, sehr sensible Persönlichkeit empfunden. Ich war sehr irritiert, sie hier anzutreffen. Sie rief freudig:

„Wow, das ist ja fantastisch! Danke, ich bin so froh, hier sein zu dürfen!“ Alle klatschten und reagierten mit Freude. Die Priesterin begrüßte sie und sagte mit ernster Stimme: „Ja, aber du musst noch warten, dieser Weg ist nicht einfach, wir alle werden leiden müssen; du musst dieses Leid akzeptieren und es verarbeiten.“

Eine wichtige Erkenntnis aus dieser Erfahrung war, dass wir nachts nicht durch das intellektuelle Wissen beeinflusst werden, sondern durch Dinge und Erlebnisse, die einen besonders starken Eindruck auf unser Bewusstsein machen. In diesem Sinne können AKEs sehr einflussreich auf unser Unterbewusstsein sein, und deshalb ist es auch von großer spiritueller Bedeutung, sich bewusst zu machen, was uns im Schlaf passiert.

Ich persönlich glaube, dass viele von uns unbewusst im Schlaf an solchen Unterrichtsstunden teilnehmen.

Eine Sache, die ich merkwürdig fand und an der ich erkennen konnte, dass alle träumten, war, wie übermäßig glücklich und fasziniert alle wirkten. Ich konnte ein ähnliches Unbewusstsein in ihren Augen sehen, wie wenn wir zu sehr in unser Handy oder das Fernsehen versunken sind. Außerdem fiel mir etwas auf, was ich schon öfter bei Menschen beobachten konnte, die auf dem spirituellen Weg sind: Die Menschen wenden sich den spirituellen Lehren aus einer inneren Traurigkeit heraus zu, in der Hoffnung, Glück zu erlangen. Sobald sie dann in den Lehren ein winziges Körnchen Weisheit für sich entdeckt haben, weckt das eine große Freude in ihnen, manchmal sogar vielleicht den Eindruck einer spirituellen Erleuchtung, und sie sind für eine kurze Zeitspanne lang zufrieden. Dann setzen sie ihr Leben wieder wie gewohnt fort, bis sie erneut depressiv werden. Es ist wie ein nicht enden wollender Kreislauf. Sie merken nicht, dass der winzige Tropfen Weisheit, den sie gefunden haben, nur ein kleiner Teil eines ganzen Ozeans von spirituellem Glück und Wissen ist.

Das, was ich hier beschreibe, lässt sich auch auf den Zustand der Menschheit übertragen. Wir jagen jeder Gelegenheit zum Glück hinterher, ohne dieses Glück wirklich wertzuschätzen und es zu begreifen. Ohne uns zu bemühen, es festzuhalten, indem wir uns an das Gefühl erinnern, das dieses Glück in uns auslöst. Es ist wichtig, sich zu erinnern. Vor allem daran, dass, wann immer wir uns spirituell bemühen und zu einer Art Erkenntnis kommen, es immer noch tiefere Aspekte und Ebenen des Bewusstseins geben wird, die wir begreifen können.

„Auf welcher Ebene unser Bewusstsein auch immer agiert, sowohl wir als auch die Dinge, die zu dieser Ebene gehören, sind vorerst unsere einzige Realität.

Wenn wir in der Entwicklungsskala aufsteigen, erkennen wir, dass wir während der Stadien, die wir durchlaufen haben, nur Schattierungen der Realität wahrgenommen haben.

Der Prozess der Weiterentwicklung des Egos basiert auf einer Reihe von fortschreitenden Erweckungen, wobei jeder Fortschritt die Vorstellung mit sich bringt, dass wir nun endlich, die wahre Realität' erreicht haben.

Doch erst, wenn wir das absolute Bewusstsein erlangt und unser eigenes mit diesem verschmolzen haben, werden wir frei von den Täuschungen der Maya (Illusion) sein." *Helena Blavatsky*

TRÄUMEN

Wie Sie wahrscheinlich schon ahnen, ist meine Botschaft ein Aufruf an die Menschen, aus dem Traum des Lebens zu erwachen und nach innen zu schauen. Wären wir in einer anderen Zeit, würde ich das Erwachen des Bewusstseins vielleicht indirekter, wissenschaftlicher und akademischer beschreiben. Ich würde in wissenschaftlichen Büchern stöbern und auf sie verweisen, um Sie von dieser Realität zu überzeugen, gleich einer Doktorarbeit. Aber ich glaube wirklich, dass dieses Wissen in Anbetracht der derzeitigen Lage der Menschheit mehr denn je emotional und auf einer persönlichen Ebene in die Welt getragen werden muss. Es gibt so viel Leid in diesen Zeiten, und viele Menschen verstricken sich mehr denn je in ihrem Verstand.

Dennoch offenbart sich in all dem Chaos und der spirituellen Dunkelheit des 21. Jahrhunderts eine immense Chance für spirituelle Verwirklichung.

Das Bewusstsein kann nur so viel Leid und Illusion ertragen, bis der Damm bricht und wir über den Traum des Lebens hinausblicken können. Die Ideen in diesem Buch gewinnen im kollektiven Bewusstsein von Jahr zu Jahr mehr an Bedeutung, und auch jüngere Generationen interessieren sich zunehmend dafür.

Die außerkörperliche Verwirklichung kann tiefgreifende Auswirkungen auf das Bewusstsein eines Menschen haben. Der Prozess der „Loslösung vom Körper“ ist ein Erwachen an und für sich. Ein Erwachen im Hinblick auf das, was jenseits der physischen Realität und der Vorstellung jenseits der Täuschung existiert. Es kann vorkommen, dass man so schockiert über diesen Prozess ist, dass man sich fragt, ob die außerkörperliche Erfahrung eine Halluzination war, aber man wird sehr schnell zu der Erkenntnis kommen, dass dem nicht so ist.

Es ist eine Erfahrung, die eine Verbindung zwischen *allen* Religionen und spirituellen Traditionen schafft. Ein einheitliches Bewusstseinsfeld, zu dem jedes Lebewesen Zugang haben kann. Es ist mein aufrichtiger Wunsch, dass diese Phänomene von der modernen Wissenschaft, aber vor allem von den Menschen auf der ganzen Welt eingehender erforscht werden. Ich hoffe, dass das Thema AKE nicht als seltsam, übernatürlich oder einfach als Fiktion angesehen wird, sondern als ein natürliches und regelmäßiges Ereignis akzeptiert wird, das wir alle haben können. Genau wie Träume, aber auf einer unendlich viel tieferen Ebene.

Zunächst ist es wichtig zu verstehen, was der Traumzustand eigentlich ist und dass er sowohl ein Tor als auch ein Hindernis für die außerkörperliche Erfahrung sein kann. Wenn wir Kinder sind, lernen wir die Sprache zu verstehen und die Welt intellektuell zu deuten. In der Schule und zu Hause lehrt man uns, wie wichtig es ist, sich auf die Zukunft zu konzentrieren.

Die Fähigkeit zu träumen beginnt also in der Kindheit. Von diesem Zeitpunkt an fangen wir an, uns vorzustellen und zu fantasieren, wie unsere Zukunft in all ihren unendlich vielen möglichen Zeitlinien aussehen könnte. Unsere ganze Kindheit wird in diesem Sinne vom Zukunftsdenken dominiert.

Wenn wir ins Teenageralter kommen, werden wir bewusster. Jetzt geht uns nicht mehr nur die Zukunft durch den Kopf, sondern vor allem auch die Gegenwart sowie ein bestimmtes Bild von uns selbst: Unser Ego erwacht. Wie wir aussehen, woran wir glauben, der soziale Status, unsere Freunde – all diese Gedanken und Ideale formen unser Ego ganz unbewusst.

Nachdem wir uns so lange auf die Zukunft konzentriert haben, erreichen wir das mittlere Alter und beginnen, an den Entscheidungen, die wir in unserem Leben getroffen haben, zu zweifeln und sie oft auch zu bereuen. Folglich richten wir unseren Blick nun auch auf die Vergangenheit. Im Grunde aber machen wir uns diese Bilder von unserer Vergangenheit, Gegenwart oder Zukunft ganz umsonst.

Das, was wir uns da vorstellen, ist nicht die direkte Realität. Weder unser Verstand noch unser Unterbewusstsein wissen, was Realität ist und was nicht, während wir uns diese Vorstellungen machen – und sie reagieren entsprechend.

So wird unser Leben zu einem immerwährenden Traum, im wachen Zustand, aber auch im schlafenden. Denn dieser Traumzustand, den wir im wachen Leben leben, schwappt nachts in unseren Schlaf über. Doch man kann diese Traumzustände auch einfach ablegen und damit seine Chance, den Körper zu verlassen, deutlich erhöhen. Wir entscheiden uns dann einfach bewusst dafür, nicht mehr zu träumen.

Ein weiterer Grund für die Anziehungskraft, die diese Träume und Ideen auf uns und unser Leben ausüben, ist die Identität. Es gibt ein inhärentes Bedürfnis in unserer Seele, sich irgendwo zugehörig zu fühlen. Dieser Wunsch nach Identifizierung entspringt unserer Göttlichkeit, unserer Kernessenz, die tief im Inneren liegt.

Da die meisten Menschen jedoch nicht darüber nachdenken oder verstehen, woher dieses Bedürfnis kommt, identifizieren wir uns stattdessen mit allen möglichen Dingen. Sei es als Teil einer Gruppe, einer Familie, eines Berufs, der Sexualität, des Geschlechts, der Ernährung, eines Hobbys – irgendeiner Erfahrung, einer Situation oder eines Erlebnisses, das in unserem Leben passiert ist. Jeder kann sich mit etwas identifizieren.

Sei es eine Scheidung, ein wirtschaftlicher Verlust, ein geplatzter Lebenstraum, dass man in Armut aufgewachsen ist oder andere soziale Missstände erlebt hat. Der Verstand versucht immer, eine Identifikation mit unseren Lebenssituationen zu finden, und erzwingt so ein falsches Selbstgefühl. Dieses Gefühl des Selbst ist nicht echt; es ist nicht das, was wir sind. Wer wir sind, ist Bewusstsein, Gewahrsein, unbefleckt von diesen „Traum-Projektionen". Sie sind diese stille Präsenz hier und jetzt, die dieses Buch liest. Sie hat keine Identität, keine persönlichen Themen, sie urteilt nicht, sondern sie ist einfach Sie, und doch ist sie auch alles, was *ist*. Es fällt oft schwer, die auf dem Ego basierende Identifikation selbst anzuerkennen und zu akzeptieren, ganz zu schweigen davon, über sie hinauszuwachsen. Die Wahrheit ist jedoch: Solange Sie diese akzeptieren und als das erkennen, was sie sind, ohne zu urteilen, können Sie sie ganz natürlich loslassen. Alles, was es dazu braucht, ist Bewusstheit. Genauso wie eine Fackel, die in der Dunkelheit leuchtet und sie vertreibt. Indem wir das Licht des Bewusstseins in die Dunkelheit des Unbewussten leuchten lassen, beginnen wir auf natürliche Weise, unerwünschte Schichten unseres Selbst abzubauen oder zu überwinden.

Es gibt ein berühmtes Sprichwort aus der Hermetik, welches im Okkultismus und der Esoterik unglaublich aufschlussreich ist: „Wie oben, so unten." Wir können dies so deuten, dass alles, was auf einer Ebene der Realität geschieht, in der einen oder anderen Form auch auf jeder anderen Ebene passieren wird. Der Mikrokosmos und der Makrokosmos verhalten sich gleich, sie stehen in einer Beziehung. Was wir am Tag träumen, träumen wir auch in der Nacht.

Es ist klar, dass wir aufhören müssen zu denken, um das Träumen zu lassen, aber es ist wichtig, sensibel und vorsichtig dabei vorzugehen und nicht zu hart mit sich selbst zu sein. Es ist ganz natürlich, dass unser Bewusstsein träumt und sich etwas vorstellt. Wir sind nur zu sehr daran gewöhnt, diese Fähigkeiten zu missbrauchen und sie nicht zu nutzen. Die beste Art und Weise, wie wir lernen können, den Verstand effektiv zu nutzen, ist, uns eine Pause zu gönnen und ihn für eine Weile ganz auszuschalten. Sobald wir das tun, sehen wir die vielen Vorteile darin. Einer davon ist, dass wir, sobald wir erkennen, dass wir im Wachleben träumen, bereits den ersten Schritt zum Erwachen getan haben.

„Traum-Yoga lehrt, wie wir den Traumzustand für unseren spirituellen Fortschritt nutzen können. Obwohl das Interesse am Traum-Yoga stetig wächst, gibt es viele Menschen, die mit der Astralwelt auch viele frustrierende Erlebnisse verbinden. Die Lektüre von Büchern oder der Besuch von Seminaren lässt die Suchenden meist mit noch mehr Fragen, Zweifeln und widersprüchlichen Eindrücken zurück. Wir haben gezeigt, wie man bewusst mit dem Astralkörper reist, Tausende von Schülern konnten dies für sich nutzen. In der Praxis konnten wir feststellen, dass diejenigen, die ihren Geist nicht einmal nur für einen kurzen Augenblick zur Ruhe bringen konnten, sich viel schwerer tun, bewusst mit dem Astralkörper zu reisen.

Das gilt auch für diejenigen, die es gewohnt sind, sich von Schule zu Schule oder von Buch zu Buch zu hangeln, die immer Fragen haben und immer mit sich selbst beschäftigt sind.

Der Schlüssel liegt im Willen, in der Bemühung, sich anzustrengen, und in der Übung. Dies beginnt mit dem Erwachen des Bewusstseins hier und jetzt, in der physischen Welt, von Augenblick zu Augenblick.

Um das Bewusstsein zu erwecken, müssen wir aufhören zu träumen, und zwar in jedem Moment. Wenn wir in der physischen Welt sind, müssen wir lernen, von Sekunde zu Sekunde wach zu sein. Wir leben dann wach und selbstbewusst in den Astralwelten, sowohl während der Stunden, in denen unser physischer Körper schläft als auch nach dem Tod."

Samael Aun Weor

LUZIDES TRÄUMEN ALS VORAUSSETZUNG FÜR DIE ASTRALPROJEKTION

Mir ist aufgefallen, dass sich viele Menschen, die sich für das Thema Astralprojektion interessieren, vorher nicht mit den Techniken des luziden Träumens auseinandersetzen, die diesbezüglich so ein hilfreiches Werkzeug sind. Es ist sicherlich möglich, auch ohne diese Technik in die Astralprojektion einzusteigen, aber wenn man sich schwertut, ist es sinnvoll, einige Grundlagen des luziden Träumens zu erlernen. Ich persönlich nutze die grundlegenden Praktiken des luziden Träumens bis heute, unter anderem die Realitätsprüfung. Schon bevor ich wusste, dass es die Astralprojektion überhaupt gibt, hatte ich Hunderte von luziden Träumen. Später hat mir das zweifellos geholfen, vor allem wenn es darum ging, die Unterschiede zwischen diesen beiden Phänomenen zu erkennen.

Träume sind ein Tor zum nichtphysischen Bereich, und da wir alle daran gewöhnt sind, uns zumindest an ein paar Träume zu erinnern, ist dies ein guter Ausgangspunkt.

Das Problem ist, dass wir die Bedeutung von Träumen häufig übersehen und unterschätzen. Oft tun wir diese spirituell relevanten Erfahrungen einfach als „unwichtige Fantasien des Geistes" ab. In Wahrheit aber sind Träume bedeutungsvoll, und auch wenn sie letztlich Illusionen sind, haben sie eine greifbare Realität in ihrem eigenen Mikrokosmos. Die Informationen, die Ihnen in Träumen übermittelt werden, sind von großer Bedeutung für Ihr persönliches und spirituelles Wachstum. Wenn Sie gewalttätige Träume haben, kann das ein Zeichen dafür sein, dass Sie an Ihrer Wut arbeiten müssen. Sollten Sie in Ihren Träumen immer wieder weinen, dann weist das wahrscheinlich auf Emotionen hin, die Sie verarbeiten müssen. Ebenso sind wiederkehrende Träume in der Regel ein Zeichen dafür, dass es etwas gibt, was Sie nicht akzeptiert haben oder mit dem Sie sich nicht abfinden können. All diese Dinge halten uns auf der Ebene der Träume gefangen, sodass wir die Astralebene nicht betreten können.

Die meisten Menschen sind von ihrem *Wesen* abgekoppelt, da sie zu sehr mit weltlichen Dingen, Dramen und Sorgen beschäftigt sind. Dementsprechend zeigen uns unsere Träume, auf welche Dinge wir achten und was wir uns bewusstmachen müssen, damit wir in tiefere Ebenen unserer eigenen Psyche vordringen können.

Nehmen wir einmal an, Sie befinden sich in einem Traum, aus dem Sie nicht herauskommen und den Sie auch nicht steuern können. In diesem Fall befinden Sie sich in einer unterbewussten Erfahrung, die so stark ist, dass Ihr Unterbewusstsein Sie dazu zwingt, sie zu sehen und zu erleben. Wenn Sie in dieser Situation luzide sind, ist es besser, sich auf den Traum einzulassen, um zu verstehen, was Sie lernen können, als zu versuchen, ihn zu kontrollieren. Sie können Fragen stellen, was die Szenerie oder die Figuren, die Ihnen begegnen, bedeuten sollen. In der Regel werden Sie eine Antwort bekommen, oder es wird etwas passieren, was Ihre Gedanken in die richtige Richtung lenkt oder anderweitig aufschlussreich ist.

Träume können auch ein Indikator dafür sein, an welchem Punkt in unserem Leben wir uns gerade befinden oder was wir auf unserem spirituellen Weg aktuell durchmachen. In dem Augenblick, in dem wir mit dem Meditieren beginnen, an uns arbeiten oder auch astral projizieren, stellen wir oft fest, dass wir Träume vom Sterben oder vom Tod haben. Das ist nicht besorgniserregend, sondern hat eher eine symbolische Aussagekraft. Es geht darum, dass bestimmte egoistische Aspekte von uns „sterben“, was natürlich eine gute Sache und ein Zeichen für die Überwindung alter Verhaltensmuster ist. Es bedeutet, dass wir uns selbst transzendieren. Wenn wir dies tun, gehen wir über unsere Illusionen von der Welt hinaus und nähern uns den objektiveren Wahrnehmungen der physischen und nichtphysischen Realität an.

Um die verschiedenen Erfahrungen, die wir nachts machen, zu analysieren, müssen wir allerdings oft noch weiter denken. Was heißen soll: Wir müssen über die Konzepte des luziden Träumens und der Astralprojektion hinausgehen.

In Wahrheit gibt es verschiedene Luziditäts- und Bewusstseinsstufen. Etwas vage ausgedrückt könnten wir sie wie folgt beschreiben:

1. Wir sind völlig ohne Bewusstsein.
2. Wir sind unbewusst und fühlen uns lebendig.
3. Leicht bewusster Zustand, aber im Wesentlichen immer noch unbewusste Entscheidungsfindung.
4. Wir sind uns des Traums bewusst, haben aber nur eine geringfügige Kontrolle.
5. Wir sind uns des Traums bewusst und haben eine gewisse Kontrolle über unsere Entscheidungen, aber kein vollständiges Selbstbewusstsein.
6. Wir sind völlig klar, mit vollständiger Kontrolle über Entscheidungen und Erinnerung an uns selbst.
7. Wir lassen los, erleben das Ende des Traumzustandes und den Eintritt in die Astralebene.

Dementsprechend kann das Bewusstsein so groß werden, dass es über den Traumzustand hinausgeht und in die Astralprojektion eintritt. Wenn das Bewusstsein im nichtphysischen Raum wächst, beginnen Sie, aus dem Traum heraus in eine objektive nichtphysische Realität zu erwachen. Dies ist die natürlichste Art der Astralprojektion aus einem luziden Traum heraus – durch die innere Erkenntnis, dass Sie tatsächlich der Träumer des Traums sind. In der Folge können Sie von Natur aus spüren, dass Sie die Fähigkeit haben, den Traum loszulassen. Siehe das folgende Diagramm:

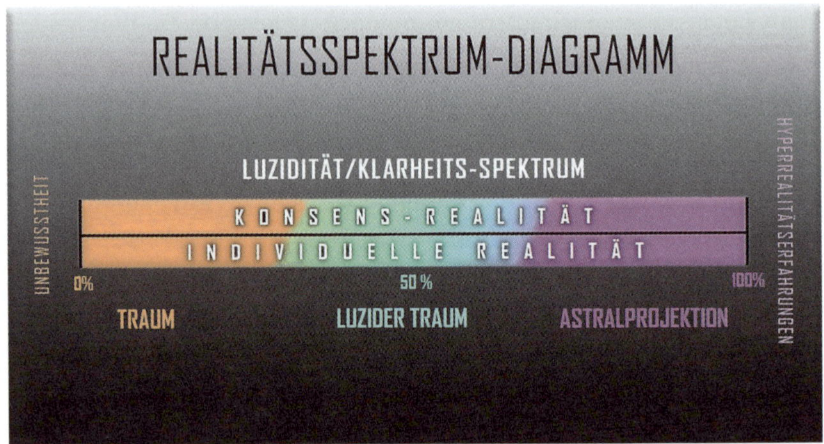

Dieses Diagramm stellt die Beziehung zwischen den Ebenen unseres Bewusstseins und unserer Träume, luziden Träume und der Astralebene dar. Die Skala zeigt, wie der Traum mit dem Stadium der Bewusstlosigkeit verbunden ist. Wenn wir auf die rechte Seite der Grafik blicken, sehen wir, dass das Bewusstsein so weit wächst, dass es erst in einen luziden Traum und dann schließlich in die Astralprojektion übergeht. Auf einer tieferen Ebene gibt es auch die „Individuelle Realität“ und die „Konsens-Realität“. Sie können sich auf alle drei im Diagramm dargestellten Bewusstseinszustände beziehen. Individuelle Realität bedeutet eine Erfahrung, bei der nur Sie selbst in der Umgebung sind.

Im Gegensatz dazu ist die Konsens-Realität in der Regel eine Umgebung, die Sie mit anderen teilen können. Dieses Diagramm wurde übrigens von einem Nutzer der Social Newsplattform Reddit, namens u/XI_Vanquish_IX, erstellt. Er erklärt es wie folgt:

„Traditionell würden wir alle Träume als individuelle Erfahrungen bezeichnen. In den Diskussionen über Astralprojektion werden Träume jedoch oft mit Erfahrungen von geringer oder niedriger Luzidität/Bewusstheit in Verbindung gebracht. Die Wahrheit ist, dass viele dieser Erfahrungen keine individuellen Realitäten sind. Es ist auch möglich, individuelle Erfahrungen der Astralprojektion zu machen."

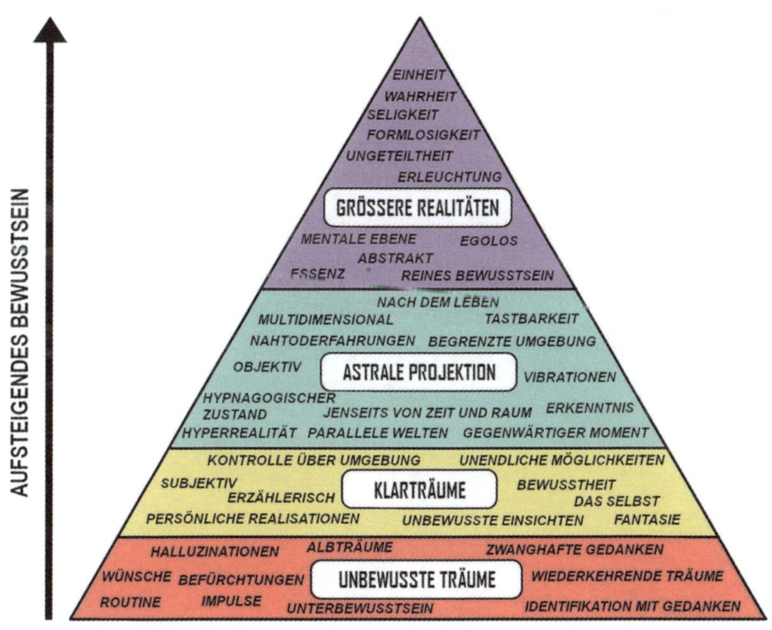

Das ist die Komplexität der nichtphysischen Phänomene. Träume *können* auf der Astralebene stattfinden, und Astralprojektion kann auch im „privaten Raum" passieren, etwa wenn man beginnt, sich an frühere Leben zu erinnern. Viele andere Astralprojektoren berichten auch von

„unbewusst geteilten Träumen“, und es gibt Berichte von Freunden, die „zufällig“ genau denselben Traum hatten. Werfen Sie auch einen Blick auf das folgende Diagramm, das ich erstellt habe, damit ich Ihnen eine grobe Vorstellung davon vermitteln kann, wo die Realitätsebenen im Verhältnis zu den verschiedenen Wahrnehmungsebenen und nichtphysischen Erfahrungen liegen. Ich habe dies mit entsprechenden Schlüsselwörtern kombiniert, um eine allgemeine Vorstellung von jeder Ebene zu vermitteln.

Die Schlüsselwörter sind nicht auf die jeweiligen Abschnitte der Pyramide beschränkt. Ferner spiegelt der Begriff „Größere Realitäten“ an der Spitze der Pyramide die Dimensionen der nichtphysischen Natur wider, die jenseits der Astralebene liegen. Die Astralebene ist nur eine Ebene der Realität, doch da sie am engsten mit der physischen verbunden ist, vermögen wir es, sie zumindest ansatzweise zu begreifen. Die Dimensionen jenseits der Astralebene sind so tiefgründig und formlos, dass man sie nur schwer in Worte fassen kann. „Größere Realitäten“ bedeutet, dass wir eine Bewusstseinsebene erreichen, die über die Astralebene hinausgeht. Gemeinhin sind diese als sechste und siebte Dimension und höher bekannt, auch als „Mentalebene“ und „Kausalebene“.

REALITÄTSPRÜFUNG: EIN TIEFERER EINBLICK

Eine Gemeinsamkeit zwischen Träumen und Astralprojektion besteht darin, dass es sich bei beiden um nichtphysische Erfahrungen handelt. Bei der Realitätsprüfung geht es darum, effektiv zu erkennen, ob wir uns unbewusst in einer nichtphysischen Umgebung befinden oder nicht.

Die Realitätsprüfung ist eigentlich eine Gewohnheit, die wir uns neu angewöhnen. Wir beginnen damit, uns mindestens sechs Mal am Tag zu fragen, ob wir träumen, und bestätigen dies mit einer Realitätsprüfung. Je öfter wir dies im täglichen Leben tun, desto größer ist die Chance, dass wir es uns auch in unseren Träumen zur Gewohnheit machen. Sie sehen, der größte Teil der Arbeit beim luziden Träumen oder astral Projizieren besteht darin, mit dem Unterbewusstsein zu kommunizieren und es dazu zu bringen, in unserem Sinne zu agieren. Dies ist auch ein hervorragendes Beispiel dafür, wie sehr wir uns auf unser Unterbewusstsein verlassen können, wenn es darum geht, dass es uns während unserer nächtlichen Ausflüge spontane Erfahrungen schenkt. Einige meiner favorisierten Realitätschecks sind:

- Halten Sie sich mit den Fingerspitzen die Nase zu und überprüfen Sie, ob Sie durch sie atmen können. Wenn Sie das nicht können, sind Sie im Physischen. Können Sie es, dann sind Sie nicht im Physischen.
- Springen Sie und überzeugen Sie sich, ob Sie fliegen können. Sollten Sie fliegen können, dann sind Sie nicht im physischen

Bereich. Sie vermögen nicht zu fliegen? Willkommen im physischen Leben.

- Ziehen Sie an einem Ihrer Finger und versuchen Sie, ihn zu verlängern. Funktioniert das nicht, dann befinden Sie sich im physischen Bereich. Sollte Ihr Finger länger werden, dann sind Sie in einer nichtphysischen Umgebung.

Entscheidend bei der Realitätsprüfung ist, dass Sie wirklich daran glauben, dass Sie unbewusst träumen oder sich auf der Astralebene befinden. Wenn Sie einen Realitätscheck durchführen, müssen Sie damit rechnen, dass Sie tatsächlich trotz zugehaltener Nasenflügel durch Ihre Nase atmen, dass Sie Ihren Finger verlängern oder in den Himmel fliegen werden!

Haben Sie keine Zweifel daran. Wenn Sie die Realitätsprüfung nicht in diesem Sinne ausführen, kann es passieren, dass sie sich im Traumzustand befinden, während sie diese durchführen. Dann wird sie nicht funktionieren.

Ein kleines Beispiel hierzu: Sie können versuchen, im Traum zu fliegen, aber durch unbewusste Erwartungen und Annahmen wird es Ihnen nicht gelingen und sie werden wieder auf den Boden fallen. Ist dies der Fall, dann führen Sie die Realitätsprüfung falsch durch. Sie gehen dann unterbewusst davon aus, dass Sie, wie Sie es im täglichen Leben erwarten würden, eben nicht fliegen können. Sie glauben nicht wirklich daran, dass Sie sich in einem Traum befinden.

Die Lösung: Machen Sie den Realitätscheck noch einmal mit mehr Nachdruck und Bedacht! Lösen Sie sich von der Vorstellung, dass Ihre Erfahrung immer in der physischen Welt stattfindet.

Im Traum passieren viele absurde Dinge; man könnte sich mit einem Kamel unterhalten, ohne es zu hinterfragen. Erst wenn wir aufwachen, denken wir, dass es seltsam war. Genauso müssen wir in unserem täglichen Leben ehrlich die Möglichkeit in Betracht ziehen, dass wir tatsächlich träumen, egal wie normal uns auch alles erscheinen mag.

Sehen Sie sich jetzt in Ihrem Zimmer um. Träumen Sie gerade? Woher wissen Sie, dass Sie es nicht tun? Solange Sie nicht Buddha oder ein spiritueller Meister sind, können Sie es kaum wissen, und die einzige Möglichkeit, die Sie haben, um sich selbst davon zu überzeugen, ob Sie träumen, ist ein Realitätscheck.

Entwicklung eines realitätsprüfenden Bewusstseins

Es gibt noch eine weitere Art der Realitätsprüfung, die wesentlich aktiver ist. Wir können sie ganz einfach entwickeln, während wir unsere alltägliche Welt wahrnehmen. Ich bezeichne sie als „Realitätsprüfendes Bewusstsein“. Wir können dieses Bewusstsein entwickeln, indem wir ganz profane Dinge tun, wie „um die Ecke schauen“, „Türen öffnen“ oder einfach alles in unserer Umgebung sehr genau zu betrachten. Wirklich fantastisch an dieser Methode ist, dass sie auch dann funktioniert, wenn Sie den ganzen Tag zu Hause sind und nichts Ungewöhnliches passiert. Keiner wird bemerken, was Sie hier wirklich tun. Ich will dies an einem Beispiel verdeutlichen: Stellen Sie sich vor, Sie gehen auf der Straße um die nächste Ecke. Während Sie im Begriff sind, dies zu tun, nehmen Sie sich einen Moment Zeit, um sich zu vergegenwärtigen, was Sie hinter dieser Ecke erwarten wird. Wie sollte es dort aussehen?

Notieren Sie sich, bevor Sie diese Übung machen, alle wichtigen Details zur Umgebung der Straße, wie Gegenstände oder Farben. Wenn Sie dann um diese Ecke biegen, prüfen Sie, ob alles so ist, wie Sie es sich vorgestellt haben. Ist irgendetwas anders? Haben die Wände die gleiche Farbe? Zeigt die Uhr die richtige Zeit an? Befindet sich jemand im Raum, den Sie nicht erwartet haben?

Wenn etwas nicht an seinem Platz ist, dann bestätigen Sie es mit einem Realitätscheck. Halten Sie sich die Nase zu und versuchen Sie, durch sie zu atmen. Wenn Sie dies jeden Tag oft genug tun, werden Sie zweifellos feststellen, dass Sie diesen Check ganz unbewusst auch in Ihren Träumen machen werden.

Dieselbe Methode können Sie auch bei jeder Tür anwenden. Bevor Sie eine Tür öffnen, nehmen Sie sich einen Moment Zeit, um sich daran zu erinnern, was sich dahinter befinden sollte, dann öffnen Sie diese und überprüfen es. Vielleicht ist alles gar nicht so, wie Sie es erwartet haben, und Sie sehen einen ganz anderen Raum. Manchmal kann es sogar so offensichtlich sein, dass Sie nicht einmal einen Realitätscheck durchführen müssen, weil Sie es einfach innerlich *wissen* werden.

Sie können diese Methode im Grunde überall dort anwenden, wo Sie sich genau auskennen – auch während der Arbeit. Meine Empfehlung ist: Machen Sie diesen Realitätscheck, wann immer Ihnen etwas seltsam oder merkwürdig vorkommt. Seien Sie immer auf der Hut vor ungewöhnlichen Dingen, die in Ihrem Leben passieren. Erinnern Sie sich an alles. Ihre Vorstellungskraft und Liebe zum Detail sind hier unerlässlich.

Realitätschecks sind ein großartiges Werkzeug. Mein Tipp: Richten Sie bei der Durchführung des Checks nicht zu viel kritische Aufmerksamkeit auf Ihr Bewusstsein. In der einfachsten Version ist der Realitätscheck nur ein Mittel, um sich im Laufe des Tages immer wieder selbst klarzumachen, ob man träumt. Wenn Sie diese Übungen durchführen, machen Sie das bitte immer nur ein oder zwei Minuten lang. Das eigentliche Problem ist: Nachdem der Realitätscheck durchgeführt wurde und wir zu dem Schluss gekommen sind, dass wir nicht träumen, setzen die meisten Menschen ihren Tag in der Regel genauso blind fort wie zuvor. Sie sagen sich:

„Okay, ich träume nicht."

Genau das ist aber, wie in diesem Buch bereits angesprochen wurde, nicht ganz richtig. Eine der grundlegenden Lehren in den fortgeschrittenen Traumpraktiken des indianischen Schamanismus ist die Erkenntnis, dass man nie aufhört zu träumen. Wir erschaffen ständig Realitäten, unbewusst oder bewusst.

Alternativ können Sie die folgenden zwei Realitätsprüfungen anwenden, wenn Sie Ihre Realität infrage stellen: „Befinde ich mich in einer ‚nichtphysischen' Umgebung?" oder „Bin ich im Astralbereich?" Die erstere ist effektiver, weil wir zu jedem Zeitpunkt unseres Lebens völlig unbewusst sein können, ohne zu wissen, ob wir uns im Physischen, im Traum oder im Astralraum befinden. Wir sind uns dessen nicht bewusst, weil wir ständig träumen und an unsere Fantasien, Dramen, die imaginäre Vergangenheit, die Zukunft oder unsere Reaktionen gebunden sind. Es ist wichtig zu erkennen, dass wir in beiden Dimensionen träumen – in der physischen als auch in der nichtphysischen Realität.

Man kann sich zum Beispiel in der physischen Realität befinden und denken, dass der Geist still ist, weil man keine innere Stimme hört, wenn man sich nach innen richtet. In Wirklichkeit aber träumen wir auf irgendeiner Ebene immer noch den Traum unseres Lebens. Vielleicht träumen oder denken wir sogar, dass wir meditieren und gerade dabei sind, ein „spiritueller Mensch" zu werden, anstatt einfach nur *zu sein*. Es ist daher wichtig, sich des gesamten Inhalts Ihres „physischen Traumlebens" bewusst zu sein und auch im Schlaf auf Ihre Träume zu achten. Andernfalls werden wir zweifellos den Unterschied nicht erkennen.

Wenn wir uns fragen: „Bin ich im ‚Nichtphysischen'?", assoziiert unser Verstand damit nicht, dass dies ein Traum ist. Wir müssen so leben, als ob wir immer im Traum unseres Verstandes wären, denn genau das sind wir. Den spirituellen Weg zu gehen bedeutet, den Weg der Träume zu gehen, um auf der anderen Seite in größere, selbst verwirklichte Realitäten zu gelangen.

Von dem Moment an, als wir anfingen, Namen für alltägliche Gegenstände und Konzepte zu finden, begann unser Verstand, den Traum vom Leben zu formen.

Wenn Sie einen Baum betrachten, sehen Sie ihn dann durch den Filter der Ideen Ihres Verstandes oder *sehen Sie* den Baum wirklich? In der Praxis denken Sie vielleicht, dass diese Art des „Sehens" nicht wichtig ist. Würde man sein Bewusstsein jedoch wirklich erwecken, während man den Baum betrachtet, dann würde man die tiefgreifende Bedeutung erkennen. Man würde eine Vielzahl von Informationen über die Natur erhalten, die der Baum uns vermittelt. Genauso, wie große Geister in der Vergangenheit in der Lage waren, Beobachtungen zu machen, die anderen zuvor nicht bewusst waren. Isaac Newton zum Beispiel bemerkte die Existenz der Schwerkraft, indem er nichts anderes tat, als zu beobachten, wie Äpfel von einem Baum fielen.

Wenn wir einen Baum auf diese Weise betrachten, werden wir erkennen, dass wir nicht von diesem Baum getrennt sind und er nicht von uns. Alles, was wir sehen, kann uns zu solchen Erkenntnissen führen. Doch leider fechten unser Verstand und unsere Sorgen ständig Kämpfe in uns aus, sodass es schwer für uns ist, einen Grad der inneren Stille zu erreichen, in dem wir für diese Informationen empfänglich sind.

Man kann allerdings sehr versiert und sensibilisiert für diese Art des Sehens werden. In solch einem Fall führt nicht nur das Betrachten von Dingen zu einem komplexen Verständnis, sondern wir empfangen auch Visionen, über die wir multidimensionale Realitäten solcher Form wahrnehmen. Wir können dann das eigentliche Wesen der Dinge, die uns umgeben, sehen, woher sie kommen und viele andere Arten von Informationen. Man kann sogar seine Vergangenheit oder Zukunft sehen oder mit ihr kommunizieren, Ihr Fragen stellen und klare Antworten erhalten. Dies ist einfacher, wenn wir es auf der Astralebene tun, aber es ist auch auf der physischen Ebene möglich. Viele übersinnliche Fähigkeiten wie Hellsehen, Hellhören und Hellfühlen können auf der Astralebene verstanden werden. Man kann diese Fähigkeiten auf natürliche Weise erlernen, je mehr Zeit man auf der Astralebene verbringt und mit anderen Wesen und Lebensformen interagiert.

Die größten Geister der Geschichte sind diejenigen, welche die Macht dieser „inneren intelligenten Sensibilität" erkannt haben. Sie haben verstanden, dass es der sicherste Weg ist, keine Fortschritte zu erzielen, wenn man sich bei der Erforschung der Geheimnisse des Universums lediglich auf die gelernten Konzepte des Verstandes beschränkt. Diese bekannten Genies haben alle eines gemeinsam: Sie sind sich ihrer eigenen Gedanken und Gefühle bewusst, aber sie identifizieren sich nicht mit ihnen. Sie lassen sich von dem beeinflussen, was unserem Verstand und unseren Gefühlen Kraft verleiht: der Quelle – dem Bewusstsein.

„Der Mensch ist ein Teil des Ganzen, das wir Universum nennen, ein in Zeit und Raum begrenzter Teil. Er erlebt sich selbst, seine Gedanken und Gefühle als getrennt von allem anderen – als eine Art optische Täuschung seines Bewusstseins.

Diese Täuschung ist wie ein Gefängnis für uns, das uns auf unsere Wünsche und die Zuneigung zu den wenigen Personen, die uns am nächsten stehen, reduziert.

Unser Ziel muss es sein, uns aus diesem Gefängnis zu befreien, indem wir den Horizont unseres Mitgefühls erweitern, bis es alle Lebewesen und die gesamte Natur in ihrer Schönheit umfasst.“

Albert Einstein

Übung 2: Realitätscheck

1. Nehmen Sie einige tiefe Atemzüge und werden Sie sich Ihres Körpers und Ihrer Umgebung bewusst, werden Sie präsent. Wo befinden Sie sich? Was tun Sie gerade?
2. Bereiten Sie sich darauf vor, einen Realitätscheck Ihrer Wahl durchzuführen. Aber bevor Sie das tun, scannen Sie langsam und achtsam Ihre Umgebung. Lassen Sie Ihre Augen durch die Umgebung schweifen und betrachten Sie alles aufmerksam. Achten Sie auf Anzeichen, die auf etwas Seltsames hindeuten. Überprüfen Sie, ob Ihr Verstand annimmt, dass Sie sich im Physischen befinden. Überlegen Sie, was Sie gerade eben getan und welche Ereignisse dazu geführt haben, dass Sie jetzt dort sind, wo Sie sind.
3. Denken Sie einen Moment lang daran, dass Sie sich zu hundert Prozent und ohne Zweifel in einer nichtphysischen Umgebung befinden könnten. Überlegen Sie, was Sie machen werden, wenn Sie feststellen, dass dies der Fall ist. Führen Sie dann, mit dieser ehrlichen Überlegung im Herzen, den Realitätscheck mit Nachdruck durch. Machen Sie das ein paar Mal, nur um sicherzugehen.
4. Wenn Sie sich in einer nichtphysischen Realität befinden, dann bleiben Sie einfach bei dem, was Sie gerade geplant hatten. Wenn Sie sich hingegen in der physischen Realität befinden, achten Sie darauf, dass Ihr Verstand weiterhin davon ausgeht, dass Sie sich nicht in einem Traum befinden. Achten Sie darauf, dass Ihr Bewusstsein in der Umgebung präsent bleibt, während Sie Ihren Realitätscheck machen.

Bleiben Sie in der Gegenwart und nehmen Sie sich vor, in etwa einer Stunde einen weiteren Check durchzuführen.

5. Wiederholen Sie diese Übung so oft wie möglich über den Tag verteilt. Je öfter Sie dies tun, desto größer ist die Wahrscheinlichkeit, dass Sie diesen Realitätscheck auch während des Träumens vornehmen. Achten Sie darauf, dass Sie konsequent sind, und machen Sie diese Übung immer vor dem Einschlafen und nach dem Aufwachen.

Wenn Sie diese Schritte gewissenhaft befolgen, werden Sie feststellen, dass sich ein Gefühl der „Lebendigkeit“ einstellt. Erforschen Sie es und geben Sie sich ihm hin. Es ist besonders gut, wenn Sie diese Übung vor und nach der Meditation machen. Wenn Sie sich dieser Praxis eine Woche lang ausdauernd und oft genug widmen, ist es sehr wahrscheinlich, dass Sie sich dabei in einem Traum oder einer unbewussten AKE wiederfinden werden.

DIE ENTSCHEIDENDE ROLLE VON GEDÄCHTNIS UND ERINNERUNGSVERMÖGEN

Es ist großartig, das luzide Träumen und die Astralprojektion zu üben, aber offen gestanden ist es absolut nutzlos, wenn Sie sich nicht an Ihre Erfahrungen erinnern können. Im Ernst, Sie könnten bereits potenziell lebensverändernde und zutiefst bedeutsame Erfahrungen gemacht haben, aber Sie erinnern sich vielleicht einfach nicht daran.

Ich hatte viele tiefgreifende Erlebnisse, an die ich mich erst zwölf Stunden nach dem Aufwachen erinnern konnte. Achten Sie also darauf, dass Ihre Erinnerungen jeden Morgen das Allererste sind, dem Sie sich widmen. Ich persönlich kann mich daran entsinnen, dass ich an manchem Morgen bis zu acht einzigartige Träume hatte.

Ein zentraler Grundsatz ist, dass Sie vor allem auch Ihren unbedeutenden Träumen Aufmerksamkeit schenken müssen. Wenn Sie aufmerksam genug sind, können Sie selbst in den unbedeutendsten Träumen einen Sinn finden. Mein Tipp: Wenn Sie aufwachen, versuchen Sie Ihren Körper nicht zu bewegen; selbst wenn Sie Ihre Augen öffnen, schließen Sie diese wieder. Lassen Sie noch keine Gedanken an die bevorstehenden Aktivitäten des Tages in Ihren Geist dringen. Entspannen Sie sich und meditieren Sie. Legen Sie sich hin und rufen Sie sich alle Erfahrungen ins Bewusstsein, die Sie in der Nacht gemacht haben.

Warum Sie Ihren Körper gleich nach dem Aufwachen nicht zu viel bewegen sollten? Man geht davon aus, dass wir uns dann schneller von den astralen Energien lösen und es uns noch schwerer fällt, uns an die

Ereignisse der letzten Nacht zu erinnern. Ich kann es nicht oft genug betonen: Erinnern Sie sich an Ihre Träume – besonders an die unwichtigen! Wenn Sie versuchen, sich all der Details Ihrer vermeintlich „irrelevanten“ Träume zu entsinnen, wird Ihr Gedächtnis viel stärker werden, als wenn Sie sich nur die leicht zu merkenden Träume ins Gedächtnis rufen. Fast jeder von uns erinnert sich an bestimmte, besonders „ungewöhnliche“ Träume. Übrigens: Auch wenn es sich um „langweilige“ Träume handelt, versuchen Sie sich diese in vollkommener Klarheit ins Gedächtnis zu rufen. Egal, ob Sie einen luziden Traum oder eine Astralprojektion haben, spielen Sie jeden Moment Ihres Erlebnisses in Ihrem Geist durch. Wenn Sie Ihren Körper bewusst verlassen haben, dann versuchen Sie, erst „aufzuwachen“, wenn Sie das Erlebnis in Ihrer Erinnerung verinnerlicht haben. Bleiben Sie liegen, bewegen Sie sich nicht und gehen Sie die Szenen noch einmal in Ihrem Geist durch. Nehmen Sie dann alles mit einem Diktiergerät auf oder schreiben Sie es in ein Tagebuch. Hören Sie sich die Erlebnisse der letzten Tage jeden Abend vor dem Schlafengehen an oder lesen Sie sie durch. Wenn Sie sich bewusst in einem Traum oder einer AKE befinden und sich vor dem Aufwachen an Ihre außerkörperlichen Erlebnisse erinnern, werden Ihre Erinnerungen intensiv in Ihrem Bewusstsein verankert. Sie werden sich nach dem Aufwachen an wesentlich mehr Details erinnern, als wenn es eine Erinnerung aus dem physischen Leben wäre. Das nichtphysische Gedächtnis ist wie ein psychischer Muskel, den wir täglich benutzen und trainieren müssen, damit er nicht abbaut. Wachen Sie also auf und wiederholen Sie die Erfahrung, dann tun Sie dies erneut über Ihr Tagebuch. Nun wiederholen Sie das Ganze noch einmal, bevor Sie das nächste Mal schlafen. Ihr Erfolgsmantra lautet: wiederholen, wiederholen, wiederholen!

Es gibt noch eine weitere Möglichkeit, Ihr Gedächtnis und die Klarheit Ihrer Erinnerungen zu verbessern: Konzentrieren Sie sich auf etwas, betrachten Sie es ganz genau – und zwar dann, wenn Sie nicht im Körper sind. Ich untersuche normalerweise meine Handflächen. Sie werden überrascht sein, wie detailliert die Beobachtung im Astralraum ist. Jedes Mal, wenn Sie etwas in dieser Form visualisieren, werden Sie in Ihrer Überzeugung gestärkt, dass Sie sich an einem greifbaren, konkreten Ort befinden und eine sehr reale Erfahrung machen. Wenn wir auf der Astralebene auf Details achten, erhöhen wir die Klarheit der Erfahrung erheblich, vor allem, wenn wir erkennen, dass die Perfektion dort weit über alles hinausgeht, was im physischen Bereich möglich ist. Ob Sie den Boden unter sich betrachten, eine Mauer anschauen oder die Struktur eines Baumes mit den Händen ertasten – Ihr Bewusstsein wird all diese Erfahrungen intensivieren und Sie in der Dimension, in der Sie sich befinden, erden.

WAKE-BACK-TO-BED-METHODE

„Wake-Back-To-Bed“ oder auch (WBTB) ist eine sehr erfolgreiche Hilfstechnik auf dem Gebiet des luziden Träumens und der Astralprojektion. Der Ausdruck bedeutet in der deutschen Übersetzung: „Aufwachen und wieder zurück ins Bett“. Konkret gemeint ist, dass man ins Bett geht, schläft, nach etwa vier bis sechs Stunden wieder aufwacht und nach einer kurzen Zeit wieder einschläft. Am besten meditiert man während der Wachphasen, man kann dabei auch Affirmationen verwenden.

Durch diese Methode wird das Wachbewusstsein aufgerüttelt. Sie tricksen das Gehirn sozusagen aus, indem sie es in dem Glauben lassen, Sie seien bereit für den Tag, während Sie in Wirklichkeit kurz davor sind, wieder einzuschlafen, da Ihr physischer Körper noch müde ist. Durch diesen wachen Zustand, den Sie in Ihren Schlaf bringen, wird es viel wahrscheinlicher, dass Sie sich Ihrer Träume bewusst werden oder direkt in die Astralprojektion gehen. Die „Wake-Back-To-Bed“-Methode wird in vielen Variationen in den wichtigsten AKE-Lehrbüchern gelehrt, und das aus gutem Grund. Der physische Körper und der Geist benötigen die Tiefschlafphase, um Energie zu tanken. Wenn Sie das „Projekt Luzides Träumen oder Astralprojektion“ eine Zeit lang erfolglos betrieben haben, empfehle ich Ihnen dringend, die „WBTB“-Technik auszuprobieren. Wenn wir mitten in der Nacht aufwachen, neigen wir weniger dazu, zu viel zu denken, weil wir uns in einem „schläfrigen“ Zustand befinden. Genau diesen optimalen Zustand streben wir mit dieser Technik an, indem wir aufwachen, meditieren und wieder einschlafen.

Ein weiterer, wichtiger Faktor ist die Konsequenz. Sie müssen konsequent sein. Dies gilt nicht nur für die WBTB-Technik, sondern für alle Übungen in diesem Buch. Aus der Beständigkeit resultiert eine gewisse Eigendynamik, so wie aus der Ausdauer und Hingabe. All diese Aspekte und die Gewohnheit in Form von Ritualen formen unser Unterbewusstsein.

Seien Sie versichert, wenn Sie jede Nacht WBTB in Kombination mit Meditation durchführen, werden Ihre Erfolgschancen astral zu projizieren erheblich steigen. Abhängig vom Alter und der Persönlichkeit beginnt der Körper nach vier bis sechs Stunden aus dem Tiefschlaf zu erwachen und in die REM-Phase überzugehen. Wenn Sie WBTB praktizieren, werden Sie ein Gefühl dafür bekommen, wie viele Stunden Schlaf für Sie am besten sind. Die „Wake-Back-To-Bed"-Methode verstärkt die REM-Muster, womit wir das Prinzip „Schlafender Körper, wacher Geist" besser für uns nutzen können.

Ich persönlich benötige etwa sechs Stunden Schlaf. Ich wache auf, meditiere zwischen zwanzig Minuten und einer Stunde. Danach schlafe ich wieder ein, wobei ich meinen meditativen, schläfrigen Zustand bewusst fortsetze. Selbst wenn Sie mit dieser Methode nicht jede Nacht erfolgreich sind, garantiere ich Ihnen, dass Sie zumindest lebhafte Träume haben werden. Bei 90 % der Praktizierenden ist das der Fall. Lebendige Träume hinterlassen einen größeren Eindruck. Nicht nur in unserem Gedächtnis, sondern auch auf emotionaler Ebene. Oftmals haben sie auch eine signifikante Bedeutung für uns, indem sie eine stärkere Verbindung zum Nichtphysischen herstellen.

Übung 3: WAKING-BACK-TO-BED-METHODE

1. Stellen Sie sich vor dem Schlafengehen einen Timer, der nach vier bis sechs Stunden ausgelöst wird. Wenn Sie ganz besonders entschlossen sind und am nächsten Tag nicht viel zu tun haben, dann programmieren Sie ihn im Zwei-Stunden-Takt. So können Sie die Übung intensivieren.
2. Gehen Sie wie gewohnt schlafen mit der Absicht, in der Mitte Ihres Schlafzyklus aufzuwachen, um eine Astralreise zu machen. Versuchen Sie, gut ausgeruht zu sein. Bleiben Sie ruhig und entspannt.
3. Wenn der Wecker klingelt, erinnern Sie sich sofort an sich selbst und Ihre Absicht, eine Astralprojektion zu unternehmen.
4. Verlassen Sie das Bett und gehen Sie langsam umher. Die Intention dabei ist, dass Sie Ihre Gedanken sammeln und sich auf Ihr Vorhaben besinnen. Wenn Sie Erfahrung mit Meditation haben, können Sie die langsame Zen-artige Konzentration anwenden, die in vielen östlichen Meditationslehren gelehrt wird. Ein entscheidender Faktor, den Sie dabei beachten müssen, ist, dass Sie in einem schläfrigen Zustand verbleiben, damit Ihr physischer Körper schnell wieder in den Schlaf zurückfallen kann.
5. Nach zehn bis dreißig Minuten (probieren Sie aus, was für Sie am besten ist), gehen Sie wieder zurück ins Bett.
6. Im Halbschlaf wiederholen Sie folgende Affirmation:
„Ich werde aus dem Körper herauskommen."
7. Wenn Sie aufwachen, achten Sie darauf, sich möglichst wenig zu bewegen, und versuchen Sie, sich an die Träume oder Erlebnisse zu erinnern. Halten Sie diese in einem Tagebuch oder mittels einer Sprachnotiz fest.

MEDITATION ALS GRUNDVORAUSSETZUNG FÜR DIE ASTRALPROJEKTION

Bis jetzt haben wir uns damit beschäftigt, dass das, was wir als Realität ansehen, in Wirklichkeit ein Zustand ist, in dem wir Träume und Illusionen wahrnehmen. Nun kommen wir zu der Frage, warum Meditation so wichtig ist und was sie mit der Astralprojektion zu tun hat. Ich möchte es einmal folgendermaßen erklären: Die Meditation dient uns als Brücke, damit wir vom Traumzustand in die tieferen Dimensionen der bewussten Realitäten auf der anderen Seite gehen können. Wenn man sich zum ersten Mal anschickt, das Bewusstseins zu erwecken, macht man gewöhnlich Fortschritte und denkt sich: „Wow! Ich bin auf dem Weg der Erleuchtung, ich habe die wirkliche Realität gefunden!“

Doch sobald man dann weiter praktiziert, findet man noch tiefere Ebenen der Realität, die alle zuvor gefundenen Dimensionen des Bewusstseins im Vergleich dazu eher wie einen Traum erscheinen lassen. Das nennt man spirituelles Wachstum.

Auf diese Weise sind die Erleuchtung und die verschiedenen Bewusstseinsdimensionen Prozesse, die uns dem näherbringen, was die Buddhisten als die „Große Wirklichkeit“ bezeichnen. In esoterischen Lehren wird sie auch oft als die Quelle betitelt. Bis wir diesen Punkt erreichen, ist fast alles von dem, was wir sehen, immer noch eine Form von Illusion, selbst im Astralbereich. Dennoch sind selbst die nächstgelegenen Dimensionen, die nur ein paar Schichten über der unsrigen liegen, für uns höchst nützlich und befreiend zu erfahren. In der Praxis baut jeder Schritt auf dem anderen auf.

Meditation ist ein aktiver Prozess, mittels dessen wir die Schichten mentaler und emotionaler Turbulenzen durchsieben. Es geht nicht darum, etwas zu werden, sondern uns von dem zu lösen, was wir gelernt haben und worauf wir konditioniert wurden. Nur so können wir die inneren Hindernisse überwinden, die auf unserem Weg liegen. Fakt ist aber auch: Gäbe es diese Hürden nicht, dann wären wir bereits vollständig erwachte Wesen. Und es würde sich kein Weg vor uns auftun, den wir gehen müssen.

Die Meditation in ihrer ganzen Tiefe verdient ein eigenes Buch. Falls Sie im Rahmen der Astralprojektion keine Fortschritte machen und sie meditieren noch nicht, dann empfehle ich Ihnen dringend, damit anzufangen. Meditation leistet einen fantastischen Beitrag, um uns im gegenwärtigen Moment zu verankern, im *Sein* und im Bewusstsein. Auch wenn es anfangs so aussehen mag, als würde sich das vermeintliche In-die-Stille-Gehen während der Meditation nur als mentaler Lärm entpuppen, wird sie Früchte tragen. Sie müssen nur konsequent und geduldig sein. Im Endeffekt wird durch das bloße Gewahrwerden des mentalen Rauschens allmählich Raum in Ihrem Bewusstsein entstehen. Sie werden beginnen, spontane Erkenntnisse über sich selbst zu haben – und das auf eine Weise, wie niemals zuvor.

Mit „konsequent“ meine ich, dass Sie versuchen sollten, mindestens einen Monat lang täglich zehn Minuten formell zu meditieren. Dann überprüfen Sie für sich, wohin Sie das führt und wie es sich auf Ihre Träume auswirkt. Ganz zu schweigen, welch positive Wirkung die Meditation auf Ihr Leben, Ihre Konzentration, Ihr allgemeines Glück und auch auf Ihre Beziehungen haben wird.

Versuchen Sie nicht, die Kontrolle über Ihre Gedanken zu erzwingen; die kommt ganz von selbst. Nach vielen Wochen konsequenter Meditation spüren Sie, dass Ihr Geist zu einem ruhigen und stillen See wird, der in Ihrem Herzen zentriert ist. Sie werden intuitiv fühlen, wann Sie unerwünschte Gedanken, die in Ihr Bewusstsein eindringen, friedlich zurückweisen können. Viele Meditationslehrer werden Ihnen sagen, dass Sie Ihre Gedanken nicht „kontrollieren" sollten. Das stimmt zwar, aber eigentlich sollten Sie auch darauf hinweisen, dass Sie Ihre Gedanken auf keinen Fall *gewaltsam* stoppen sollten. Es ist vollkommen in Ordnung, wenn wir während der Meditation den Gedankenfluss unterbrechen, aber es muss friedlich geschehen. Sozusagen durch das tiefe Verständnis, dass die meisten Gedanken unnütz sind, während man gleichzeitig in die gegenwärtige physische Realität eintritt.

Eine Möglichkeit für eine präsentere Lebensweise besteht darin, sich anzugewöhnen, die Stille zwischen den Geräuschen wahrzunehmen und auch den Raum zwischen den Objekten zu beobachten. So entstehen *auf natürliche Weise* innere Stille und innerer Raum.

Nehmen wir an, Sie meditieren eine Zeit lang in anhaltender innerer Stille. Dann bemerken Sie vielleicht, dass sich Ihr Körper leicht anfühlt und Ihr physischer Körper mit neuer Energie aufgeladen wird. Dies ist eine Art energetischer Heilung Ihrer Psyche und auch gleichzeitig Ihres physischen Körpers, die in Ihrem „Ätherkörper" stattfindet. Dieser ist übrigens für die allgemeine Gesundheit und Vitalität Ihres physischen Körpers verantwortlich. Verwechseln Sie dieses energetische Gefühl nicht mit den „Vibrationen", die bekanntermaßen vor einer Astralprojektion auftreten. Wenn dieses Gefühl während der Meditation auftaucht, dann tun Sie einfach nichts. Lassen Sie sich nicht ablenken, richten Sie Ihre Gedanken auf Ihren Atem und setzen Sie die Meditation fort. Welche Erfahrung sich Ihnen in der Meditation auch entfaltet, lassen Sie diese zu. Klammern Sie sich an nichts; bleiben Sie in der Leere, der Unbeständigkeit und Formlosigkeit des Bewusstseins. Sich an Gedankenformen zu haften bedeutet, in die illusorische Wahrnehmung zurückzukehren. Es ist wichtig, durch jeden Moment zu fließen und jeden Gedanken, jede neue Emotion und Erkenntnis, die da kommt, loszulassen. Wir müssen anerkennen, ohne anzuhaften.

Wenn wir in der Meditation neue Zustände des *Seins* finden, werden wir oft von einer Art Glückseligkeit überwältigt. Es ist auch gut, sich daran zu erfreuen, aber dennoch dürfen wir uns nicht an dieses Gefühl klammern. Wir sollten es einfach nur ehren und so lange bestehen lassen, wie es anhält.

Es ist damit vergleichbar, als würde man versuchen, schöne streunende Katzen in sein Haus zu locken. Unser Bewusstsein öffnet die Türen zu unserem Haus und manifestiert Futter und Katzenminze, um die Tiere anzulocken. Nichts anderes wird auch von Ihnen verlangt. Doch sobald die Katzen ins Haus kommen, kann es passieren, dass wir unser Herz an sie hängen. Dadurch verlieren wir unsere Praxis, Achtsamkeit und Konzentration. In diesem Fall schließen wir unsere Türen, und die Katzen fühlen sich nicht mehr sicher und verschwinden. Vielleicht wollen Sie aber auch unbedingt die Erleuchtung „erreichen“ und jagen die Katzen, halten sie fest. Sie versuchen dann, sie zu zwingen, Sie zu lieben.

Dieses Gleichnis soll so viel bedeuten wie: Was auch immer sich Ihnen präsentiert, lassen Sie es einfach zu und bleiben Sie offen für die Erfahrung, ob es nun eine „gute“ oder eine „schlechte“ ist.

Das gleiche Prinzip gilt für längere außerkörperliche Zustände. Klammern Sie sich nicht an Erfahrungen, akzeptieren Sie sie, aber lösen Sie sich wieder von ihnen.

Man muss sich darüber im Klaren sein, dass all diese neu erreichten transzendierten Bewusstseinszustände sehr subtil sind, wenn man sie mit unseren gewohnten starren und dichten vergleicht. Wir müssen sie – so wie uns selbst – mit Liebe, Sorgfalt und Sanftheit behandeln. Nichts kann erzwungen werden; es ist alles spontan, so wie das Universum eben ist. Es ist von einer Intelligenz mit magischer Spontaneität. Gleich der unserer Natur, wo man Vögel sieht, die erst ihre Nester bauen und dann in andere Klimazonen ziehen. Die Vögel wissen, was sie machen müssen, ganz ohne zu denken. Wir sind nicht viel anders als diese Vögel. Da ist eine Harmonie und Gnade, die instinktiv in uns allen wohnt. Das Einzige, was wir tun können, ist, die Atmosphäre zu schaffen und den Samen der Absicht zu pflanzen. Dies geschieht unter anderem durch Gebete, Meditation und spirituelle Kontemplation. Alles wird sich von selbst regeln; man braucht nur Vertrauen und Willenskraft. Es ist tröstlich zu erkennen, dass man nicht übermäßig über das Leben *nachdenken* muss, um seine Ziele zu erreichen.

Das Wort Gebet ist oft mit Vorurteilen behaftet. Viele denken, dass es eine nutzlose Praxis ist, bei der man ein imaginäres höheres Wesen um Hilfe bittet. Doch das ist nur ein oberflächlicher Ansatz, welcher der eigentlichen Macht des Gebets nicht gerecht wird. Ich gehe in diesem Buch speziell darauf ein, weil ich glaube, dass wir durch das Verständnis für das Gebet auch einen Teil von uns selbst begreifen, was wiederum unserer Meditationspraxis zugutekommt.

Wir müssen uns klarwerden, dass wir gleichzeitig meditieren und beten. Meditation allein ist wie ein Räucherstäbchen, das Gebet ist das eigentliche Anzünden des Räucherstäbchens. Oder auf andere Weise ausgedrückt: Meditation ist wie eine Klangschale, und das Gebet ist das Singen der Schale.

Wenn Sie ein religiöser Mensch sind und bereits zu einem bestimmten Gott oder einer Gottheit beten, dann ist das wunderbar. Auf diese Weise um Hilfe bei der Astralprojektion zu bitten, kann effektiv sein; wahrscheinlich sind Sie sich der Vorteile dieser Methode durch Ihre eigenen Erfahrungen bereits bewusst. Denjenigen, denen das Konzept neu ist, möchte ich einen tieferen Einblick in die Mechanismen des Gebets ermöglichen.

Das wahre Gebet kommt aus dem Herzen; es dient dem energetischen Heraufbeschwören von Demut, spirituellem Wachstum und einer höheren Einsicht mit der Bitte um Manifestation. Das Gebet ist eine Art Kommunikation mit einer höheren, überlegenen Intelligenz unseres Bewusstseins, die nicht egoistisch ist. Wir wissen, dass diese tief in uns existiert, aber wir können sie auf der gegenwärtigen Ebene unseres Seins nur schwer erreichen.

Um zu Beten bedarf es keiner Worte. Ich will das mit einem kleinen Beispiel verdeutlichen: Wenn wir unser Bewusstsein bitten, aus dem Körper herauszukommen, tun wir dies in einer ernsten und ehrerbietigen Form. Wir sind dabei voller Hingabe und Liebe für die göttliche und geheimnisvolle Schönheit der Existenz. Auf diese Weise ziehen wir die nichtphysischen himmlischen Kräfte des Kosmos an, damit sie *ein Teil unseres Wesens werden.*

Wir brauchen hierfür keine Worte, wir denken einfach an unsere Frage und den Wunsch, den wir in unserem Herzen halten. Die Frage wird in diesem mächtigen Organ brennen und wie Weihrauch aufsteigen. In gewisser Weise ist dies eine tiefgründigere und bessere Form der Affirmation, als wenn wir nur, gleich einem Roboter, ein paar einstudierte Worte runterrattern.

Ich empfehle, dass Sie sich vor Beginn der Meditation mindestens fünf Minuten lang körperlich entspannen. Haben Sie das Gebet und das Meditieren beendet, dann vermeiden Sie den Fehler, wieder gewohnheitsmäßig in ihren alten, vorherigen Zustand zurückzuverfallen. Versuchen Sie sich, auch wenn Sie schlafen, an diesen Zustand und die damit verbundenen Gefühle und das Bewusstsein zu erinnern. Machen Sie dies bei jeder Übung. Meditation muss übrigens nicht nur im Sitzen stattfinden; Sie können meditieren, während Sie viele Dinge tun.

„Es gibt Zen im Gehen, Zen im Stehen, Zen im Sitzen und Zen im Liegen. Wenn du sitzt, sitze einfach. Wenn du gehst, gehe einfach."

Alan Watts

Übung 4: Meditation zur Entwicklung einer Geisteshaltung für die Astralprojektion

1. Setzen Sie sich bequem hin, mit gerader, aber entspannter Wirbelsäule. Sie können auch eine Rückenstütze verwenden, solange Sie sich dadurch nicht zu schläfrig fühlen.
2. Scannen Sie langsam Ihren Körper, beginnend von den Zehen bis zum Kopf. Lassen Sie jeden Teil Ihres Körpers los und geben Sie sich der tiefen Entspannung hin. Visualisieren Sie ein goldenes Licht, das durch Ihre Füße eindringt und allmählich Ihren ganzen Körper in tiefer Entspannung verschlingt.
3. Atmen Sie langsam und tief durch die Nase in den Bauch. Halten Sie den Atem einige Sekunden lang an und lassen Sie ihn wieder los. Wiederholen Sie dies mindestens dreimal. Beginnen Sie danach, den Atem ganz natürlich fließen zu lassen, ohne ihn zu kontrollieren oder Einfluss zu nehmen.

Nehmen Sie einfach seinen natürlichen Rhythmus wahr, wie ein Strand, an dem die Wellen ein und aus gehen.

4. Setzen Sie Ihre Willenskraft ein, um sich nur auf Ihren Atem zu konzentrieren – und auf nichts anderes. Bemerken Sie, wenn Ihre Aufmerksamkeit schwankt, entweder aufgrund ablenkender Gedanken oder weil Ihr Wille einfach schwach ist. Wann immer Sie die Konzentration verlieren, kehren Sie sanft dazu zurück, den Atem losgelöst von sich zu beobachten. Machen Sie sich keinen Stress wegen der Gedanken. Wann immer Sie einen Gedanken bemerken, nehmen Sie ihn einfach zur Kenntnis und kehren wieder zur Meditation zurück. Diese Wiederholung ist Teil der Praxis. Regen Sie sich nicht über Ihren „lauten" Geist auf. Mit Akzeptanz und Geduld werden Sie es schaffen. Um Ihre Praxis zu verstärken, können Sie eine Art Mantra sagen: „Ich bin nicht mein Geist und ich bin nicht mein Körper."

5. Je länger Sie sich auf Ihren Atem konzentrieren und ihn ein- und ausströmen sehen, ohne von Gedanken überwältigt zu werden, desto länger trainieren Sie sich eine stabile und starke Haltung an. In logischer Konsequenz wächst auch Ihre Präsenz. Schließlich, nach Monaten stetiger Übung, wird diese Präsenz während des Schlafs in Ihre nichtphysischen Realitäten übergehen. Sie können dieselbe Technik auch anwenden, um längere Zeit in der Astralwelt zu verweilen.

6. Diese Art der Meditation kann unendlich tief gehen, je nach Ausdauer, Beständigkeit und dem Grad des Friedens und der Stille, der sich daraus ergibt. Genießen Sie sie und gedeihen Sie in ihr.

LOSLÖSUNG VOM KÖRPER

Die Gesellschaft lehrt uns, dass wir uns ein Leben lang um unseren Körper kümmern sollen. Vielleicht studieren wir verschiedene Wissenschaften oder wir hören von unseren Eltern oder Ärzten, welche Medikamente wir bei bestimmten Beschwerden einnehmen sollten. Wir bekommen blaue Flecken, Kratzer und brechen uns die Knochen. Wir können allen materiellen Reichtum der Welt erlangen, aber er hat keinerlei Wert, wenn wir krank werden. Wenn wir krank sind, gibt es nur ein Ziel: gesund zu werden, sich wieder besser zu fühlen.

In der heutigen Zeit wird fast alles, was uns im täglichen Leben begegnet in den Nachrichten wiedergegeben. So werden wir auch darauf hingewiesen, welche Krankheiten wir bekommen *könnten.* Selten aber darauf, wie man diese auf natürliche Weise vermeiden oder kurieren kann.

Unsere Emotionen sind eine Reflexion der Empfindungen, die unsere Gedanken in unserem Körper auslösen. Emotionen sind eine tiefere Ebene des Denkens und der Intuition. Es ist wirklich schade, dass in unserer Gesellschaft verstärkt gelehrt wird, zu denken und nur selten zu fühlen. Noch schlimmer ist, dass uns durch angstbasiertes Denken Furcht einsuggeriert wird. Dies passiert fast schon unweigerlich, wenn wir die Nachrichten im Fernsehen verfolgen. Vergleichbares geschieht leider auch oft, wenn wir das erste Mal von der Astralprojektion hören. Ich bedaure das aufrichtig, denn die AKE ist eine bemerkenswerte Fähigkeit, die uns unermessliche Möglichkeiten eröffnet. Dennoch ist die erste Reaktion auf die Astralprojektion bei vielen Menschen Angst, obwohl es absolut keinen

Grund dafür gibt. Wir müssen nicht nur ändern, *was* wir denken, sondern auch *wie* wir denken. Das Erwachen des Bewusstseins ist gleichbedeutend mit dem Erlernen des Transzendierens des physischen Körpers durch Astralprojektion. Überdies ist die Transzendierung des physischen Körpers absolut gleichbedeutend mit Selbstheilung. Aber was ist das Transzendieren des Körpers?

Es ist die tiefgreifende Erkenntnis, dass man nicht sein Körper ist. Man hört auf, sich mit dem eigenen Körper zu identifizieren. Wir transzendieren den Körper jedoch nicht, indem wir versuchen, ihn zu vergessen; stattdessen treten wir in den Körper ein und werden uns seiner bewusst.

Der Körper ist ein Tor, ein Tempel zu einer höheren Intelligenz. Das Gleiche gilt auch für den Geist. Wir transzendieren den Geist nicht, indem wir ihn ignorieren, sondern indem wir uns mit ihm beschäftigen und lernen ihn zu verstehen.

Es ist schwer, dies in Worte zu fassen, man muss es erfahren. Wie in diesem Buch wiederholt betont wird, liegt dieses Wissen jenseits des Verstandes im eigenen Bewusstsein, und es ist etwas, was *erlebt* werden muss. Im Prinzip ist es *Gnosis*. *Gnosis* in ihrer reinsten Form wird als Wissen definiert, das auf Erfahrung beruht, im Gegensatz zum Glauben oder intellektueller Theorien.

Durch langes und konsequentes Meditieren können wir den Körper beobachten und mit ihm eins werden, ganz ohne Gedanken, nur durch das reine Gewahrsein. Dieser Akt der verwurzelten Beobachtung hilft uns, von Natur aus zu erkennen, dass wir nicht nur unser physischer Körper sind. In logischer Quintessenz werden wir dadurch auch weniger an unserem Körper hängen und können uns leichter von ihm trennen, wenn die Zeit dafür gekommen ist. Gleichzeitig werden wir uns auch leichter mit unserem spirituellen Körper identifizieren, sprich der Energie, die den physischen Körper belebt und ihm innewohnt. Sie sehen: Auch dies ist nur schwer vorstellbar, wenn es uns an Praxis und Erfahrung mangelt.

Kann ein Geist von uns Besitz ergreifen, während wir nicht in unserem Körper sind?

Sie werden eine Menge Irrglauben und Angstmacherei zu diesem Thema finden. Sie können beruhigt sein – alles ist völliger Unsinn. Astralprojektion ist sicher und natürlich. Es gibt nicht viele Möglichkeiten, um dies zu beweisen, hier zwei logisch nachvollziehbare Ansätze:

1. Der Astralkörper steht mit dem physischen Körper in einer ähnlichen Beziehung wie das Radio und die Frequenzen. Das eine kann nicht ohne das andere sein. PROJEKTIEREN bedeutet, sich in seinem Astralkörper von einem Ort zum anderen zu bewegen. Man kann sozusagen auf der anderen Seite der Galaxie sein und trotzdem ist man mit dem physischen Körper verbunden.
2. Allein die Tatsache, dass wir höchstwahrscheinlich ohnehin jede Nacht unbewusst astral projizieren, impliziert, dass wir auf der Astralebene vollkommen sicher sind. Natürlich werden wir erst daran glauben, dass wir projizieren, wenn wir diese Erfahrung selbst gemacht haben. Was die Frage betrifft, ob der eigene Körper besessen werden kann, wenn man sich nicht in ihm befindet? Hier spricht die Tatsache für sich, dass wir noch nie von jemandem gehört haben, der sozusagen über Nacht im Traum besessen wurde. Ich und viele andere Autoren sowie erfahrene Astralprojektoren sind uns darin einig, dass Astralreisen absolut ungefährlich sind. In gewisser Weise ist es sogar sicherer, Astralprojektion zu

praktizieren, denn auf diese Weise ist man sich wenigstens bewusst, was man nachts tut und wovon man beeinflusst wird.

Schutzmaßnahmen

Zunächst ist es wichtig zu verstehen, dass bereits ein sehr großer Schutz darin besteht, dass wir uns im Astralen auf einer Bewusstseinsebene befinden, die von Natur aus universelle und bedingungslose Liebe für alle Wesen ausstrahlt – weit entfernt von aller Angst. Hier ist jedoch ein allgemeiner Leitfaden, was Sie tun können, wenn Sie zu den Menschen gehören, die der Astralebene mit einer gewissen Skepsis und Angst begegnen.

Richten Sie sich einen Altar ein. Er dient als symbolischer Schutz für Ihr komplettes Haus, während Sie astral projizieren. Er sollte eine quadratische Form haben und mit einem weißen Tuch bedeckt sein. Machen Sie es sich zur Gewohnheit, auf diesem Altar immer eine weiße Kerze zu entzünden, wenn Sie sich im Haus aufhalten. Stellen Sie Gottheiten oder Symbole auf, die Sie verehren oder für heilig halten. Verbrennen Sie Weihrauch, vorzugsweise echten Weihrauch oder Kopalharz, das auf Kohlescheiben in einem Räuchergefäß verbrannt wird. Visualisieren Sie dreimal einen Kreis aus Feuer oder ein Schutzlicht um Ihr Haus. Sie können dies mit Gebeten und Mantras kombinieren. Ferner ist es auch möglich, Engel, Meister, Geistführer oder andere Astralwesen um ihren Schutz zu bitten. Dies kann übrigens auch bei Albträumen helfen. Ich werde hier nicht weiter darauf eingehen, aber es gibt Tausende von Wesen im Astralraum, die sich dafür einsetzen, die Menschheit in ihrem spirituellen Fortschritt zu unterstützen. Viele werden Ihren Ruf hören, wenn Sie aufrichtig und ehrlich sind. Während Sie den Schutzkreis bilden und das Feuer oder Licht visualisieren, können Sie folgende Worte sprechen:

„Engel, Meister und Führer der Astralebene, schützt dieses Haus mit einer spirituellen Tarnung, damit nichts Böses eindringen kann. Vertreibt alle Arten von Dunkelheit und alle negativen Kräfte oder Energien."

Sie können dieses Ritual mit dem Mantra OM oder AMEN beenden, indem sie dieses dreimal hintereinander wiederholen. Tun Sie dies mit positiven Gefühlen und tiefem Vertrauen.

EINTRITT IN DIE ASTRALEBENE AUS EINEM LUZIDEN TRAUM

Um Ihre Träume in Astralprojektionen zu verwandeln, müssen Sie die „Handlung“ des Traums stoppen, unterbrechen oder darüber hinausgehen. Dabei gehen Sie wie folgt vor: Jedes Mal, wenn Sie sich in einem luziden Traum befinden, werfen Sie einen genauen Blick auf Ihre Umgebung. Sie schauen sich um und fühlen, wie Ihr Geist die Szenen erschafft. Dies erfordert Übung und Meditation. Sobald Sie erkennen, dass Sie diese Szenen tatsächlich in Ihrem Geist erschaffen, wird es einfacher, das Geschehen zu stoppen.

Im Grunde tun wir dasselbe, wenn wir aufwachen und in der Meditation unsere Gedanken abschalten oder wenn wir im Wachleben in die Realität zurückkehren. Im Prinzip geht es nur darum, präsent zu sein. Dies kann innerhalb von Sekunden passieren, und genau dann sollten Sie sich an Ihre Intention erinnern und sie so lange verfolgen, bis sie in den Astralraum gelangen.

Doch was geschieht, wenn sich Ihr Bewusstsein im Nicht-physischen befindet, aber nicht mehr träumt? Nun, es hat keine andere Wahl, als in die Realität einzutreten, mit anderen Worten, in die Astralwelt. Zwei Dinge können dabei passieren: Zum einen könnten Sie Zeuge werden, wie sich der Inhalt und die Objekte des Traums vor Ihren Augen auflösen. Sie werden dann eine Veränderung der Atmosphäre spüren, etwa Vibrationen, hypnagogische Bilder oder Klänge. In dieser Übergangsphase werden Sie höchstwahrscheinlich direkt in die Astralwelt eintreten. Wirklich alles an diesem Erlebnis wird sich anders und intensiver anfühlen. Sie werden wissen, dass Sie nicht mehr träumen und dass Sie erfolgreich in eine objektive Dimension eingetreten sind.

Andererseits könnten Sie auch in Ihren Körper zurückkehren und ihn von dort aus verlassen. Wenn Sie in Ihren Körper zurückgehen, um eine Astralprojektion durchzuführen, sollten Sie darauf achten, dass Sie Ihren physischen Körper nicht bewegen. Dies ist ein ungeschriebenes Gesetz: Wenn wir eine Meditation oder Astralprojektion machen, egal ob in sitzender oder liegender Position, sollten wir keinen Teil unseres Körpers unnötig bewegen. Helfen Sie Ihrem Körper dabei, sich zu zentrieren und still zu werden. Ganz ohne Frustration oder Unruhe – entspannen Sie sich einfach.

Es gibt verschiedene Techniken für den Eintritt in die Astralwelt aus einem luziden Traumzustand, unter anderem das „Erschaffen eines Portals". Sie alle haben ihre Berechtigung. Was ich hier beschreibe, dient mehr dem Verständnis der „Bewusstseinsmechanik". Ich werfe sozusagen ein Blick darauf, was im Hintergrund passiert. Denn dieses Verständnis ist wesentlich, wenn man Träume in Astralprojektionen verwandeln will.

Normalerweise bin ich kein Fan davon, bestimmte Methoden zu propagieren, die es uns ermöglichen, im Traum in die Astralebene einzutreten. Ich lege mehr Wert darauf, den Prozess an sich zu verstehen, denn hieraus ergibt sich das direkte innere Wissen, dass einen von Natur aus erkennen lässt, dass man die Traumillusionen selbst erschafft. Aus diesem Grund heraus muss man den Inhalt des Traums auch intensiv „stoppen" oder „unterbrechen", damit man ins objektive Bewusstsein eintreten kann. Die Meditation hilft übrigens dabei. Ich habe jedoch eine bestimmte Methode entdeckt, die ich immer wieder während meiner luziden Träume anwende, um die

Astralebene zu betreten. Diese beschreibe ich mit der folgenden Übung.

Übung 5: „Die fliegende Methode", um luzide Träume in Astralprojektionen zu verwandeln

1. Wenden Sie eine der zahlreichen Klartraum-Techniken an, damit Sie Ihren Traum bewusst steuern können. Die effektivste Methode bleibt dabei die Übung zur Realitätsprüfung.
2. Sobald Sie luzide sind, werden Sie präsent und erkennen den Inhalt Ihres Traums. Verfolgen Sie jetzt Ihre Absicht zur Astralprojektion, ohne zu zögern. Spüren Sie Ihren „Traumkörper" und fliegen Sie nach oben. Sie fühlen vielleicht Vibrationen und seltsame Geräusche. Wenn Sie fühlen, dass Sie auf der Reise in die Astralwelt Ihre Nichtphysikalität durchbrechen (das kann ein ziemlich intensives Gefühl sein), dann steigen Sie einfach mutig weiter durch höhere Bewusstseinszustände auf. Sie können unterstützend auch im Geiste sagen: „Ich betrete die Astralebene."
3. Nach einer gewissen Zeit der Umstellung werden Sie sich in einer neuen Umgebung wiederfinden. Der Unterschied hinsichtlich der Klarheit und den damit verbundenen Empfindungen dürfte verblüffend sein.

Sie werden wissen, ob Sie sich in der Astralebene befinden und ob Sie noch träumen oder nicht. Es ist sehr wahrscheinlich, dass Sie nicht träumen, wenn Sie die „Reise ins Astrale" so erlebt haben, wie ich es eben beschrieben habe. Sollten Sie sich immer noch in einem Traumzustand befinden, dann versuchen Sie es einfach noch einmal. Die Tatsache, dass Sie überhaupt erkennen, dass Sie sich im Traumzustand befinden, ist bereits ein großer Fortschritt. Wenn Sie während der Phase, in der Sie Ihren Körper verlassen möchten, feststellen, dass es sich so anfühlt, als ob es Sie wieder in ihn zurückzieht, dann ist das kein Grund zur Aufregung. Bewegen Sie einfach Ihren physischen Körper nicht und setzen Sie Ihren Willen ein, um Ihren Körper zu verlassen. Ein Weg ist zum Beispiel, indem Sie in Gedanken einfach aufstehen, bitte nur nicht physisch. Sollten Sie dann immer noch Schwierigkeiten haben, dann versuchen Sie, eine schwankende Empfindung in Ihr Bewusstsein zu bringen und zu erzwingen. Das wird Ihnen helfen, sich aus Ihrer physischen Schale zu lösen. So wie ein Küken, das versucht, die Eierschale mittels einer rollenden Bewegung zu knacken.

Ganz intuitiv können Sie einfach „aufstehen" oder „aufschweben". Tun Sie dies instinktiv, ohne Ihren physischen Körper zu bewegen. Denken Sie nicht darüber nach – in der Praxis ist es ganz einfach, wenn Sie es nicht überanalysieren.

Die Vorstellungskraft trainieren

Die Vorstellungskraft ist ein weiterer wichtiger Aspekt, wenn Sie Ihre Fähigkeiten zur Astralprojektion ausbilden und sich an Ihre Erfahrungen erinnern möchten. Leider ist die Kraft bei vielen Menschen diesbezüglich nicht sehr stark ausgebildet. Entweder weil sie diese nicht ausreichend nutzen oder weil sie diese aufgrund eines übermäßigen Konsums von Technologie missbrauchen.

Wenn Sie sich in einem tiefen Zustand der Meditation befinden, können Sie diese Visualisierungsübung nutzen, um Ihre Fähigkeiten zu stärken. Durch die Visualisierung des Prozesses der Loslösung vom Körper bekommt Ihr Geist einen Vorgeschmack auf das, was während einer AKE geschehen wird, sodass Sie nicht zu sehr verblüfft sein werden, wenn es wirklich passiert.

Übung 6: Anleitung zur Visualisierung

1. Entspannen Sie Ihren physischen Körper. Wenn Sie Schwierigkeiten dabei haben oder sich unruhig fühlen, versuchen Sie einfach Folgendes: Zählen Sie beim Einatmen bis fünf, dann halten Sie den Atem für weitere fünf Sekunden an und tun das Gleiche beim Ausatmen. Wiederholen Sie das insgesamt siebenmal, und Sie sollten sich schon viel besser fühlen.
2. Meditieren Sie einige Zeit, bis Sie das Gefühl haben, dass Sie ruhig sind.
3. Ohne sich dabei anzustrengen, beginnen Sie jetzt damit, sich jeder Zelle Ihres Körpers bewusst zu werden. Denken Sie nicht nur darüber nach, sondern fühlen Sie es. Spüren Sie die Energie in jedem Teil Ihres Körpers. Vielleicht müssen Sie geduldig sein, wenn Sie anfangs nichts spüren. Scannen Sie Ihren Körper von den Zehen, den Füßen, den Beinen, der Leiste, dem Bauch, den Organen, den Armen, den Händen, dem Hals, dem Gesicht, den Augen, dem Gehirn usw. bis zum Scheitel.
4. Werden Sie sich nun Ihres gesamten Körpers in einem einzigen peripheren Bewusstsein bewusst. Fühlen Sie das gesamte Energiefeld Ihres Körpers, als ob Sie eine Energiekugel wären. Sagen Sie zu sich selbst: „Ich bin nicht mein Körper."
5. Jetzt, wo Sie sich Ihrem gesamten Körper bewusst sind, spüren Sie, wie er schwerelos wird. So als ob es keine Schwerkraft gäbe. Dann fühlen und visualisieren Sie gleichzeitig, wie Sie nach oben und aus Ihrem Körper herausschweben.
6. Sehen Sie den Raum, in dem Sie sich befinden, mit Ihrem geistigen Auge und nehmen Sie ihn in allen Einzelheiten wahr. Betrachten Sie die Gegenstände, Farben, Details.

Lassen Sie sich Zeit. Die exakte Steuerung der Vorstellungskraft erfordert ein wenig Übung. Falls Sie nicht daran gewöhnt sind, seien Sie besonders geduldig. Sobald Sie den ersten Teil Ihres Zimmers analysiert haben, drehen Sie sich langsam um und betrachten Sie alle anderen Bereiche. Sie können dies so lange tun, wie Sie möchten, und durch Ihr Haus fliegen, während Sie sich dieses „doppelten" Körpers, den Sie nun mit Ihrem Geist benutzen, bewusst sind und ihn spüren. Nach einiger Zeit fliegen Sie langsam zu Ihrem Körper zurück. Sie sehen sich selbst in Meditation sitzend und verschmelzen allmählich wieder mit ihm.

7. Setzen Sie die Meditation fort und nehmen Sie sich vor, beim nächsten Einschlafen eine Astralreise zu machen. Vertrauen Sie darauf, dass Ihr Unterbewusstsein dies für Sie tun wird.

Denken Sie daran, dass diese Übung KEINE Astralprojektion ist. Sie trainiert lediglich Ihre Vorstellungskraft und Ihre Konzentration, um ein Gefühl dafür zu bekommen, wie Sie reisen können, wenn Sie tatsächlich außerhalb Ihres Körpers sind.

Alternativ können Sie die gleiche Übung auch machen, indem Sie um Ihr Haus herumgehen, anstatt zu fliegen. Allerdings finde ich, dass das Fliegen dabei hilft, das „Ganzkörperbewusstsein" aufrechtzuerhalten. Dieses Gefühl ist absolut identisch mit dem, dass sich einstellt, wenn man tatsächlich in der Astralebene fliegt. Wenn Sie diese Übung drei Tage lang täglich durchführen, garantiere ich Ihnen, dass sich nicht nur die Lebendigkeit Ihrer Träume, sondern auch die Fähigkeit, diese detailliert in Erinnerung zu behalten, erheblich verbessern wird. Ferner wird sie Ihnen dabei helfen, länger in der Gegenwart zu bleiben, wenn Sie Ihren Körper bewusst verlassen haben. Generell betrachtet werden sowohl Ihre Träume als auch die

Astralprojektionen stärker in Ihrem Geist verankert, was die Erinnerung an sie deutlich verbessert.

DEN VERSTAND ÜBERWINDEN

Im Allgemeinen ist es einfacher, den Körper zu überwinden, als den Geist. Das liegt daran, dass wir unserem Verstand durch unsere Beobachtungen den Input zum Denken liefern. Er sagt uns: „Ich habe einen Körper“, dementsprechend geht das „Ich“, das diese Äußerung macht, davon aus, dass es einen Körper besitzt. Dieses Gefühl des Besitzes impliziert, dass beides voneinander getrennt ist. Wenn Sie sich also vom Körper lösen, haben Sie vielleicht das Gefühl, „einen Körper zu besitzen“, aber wer sind *Sie*? Das „Sie“ besitzt nichts, Ihr Körper ist einfach nur da – und das gilt auch für Ihren Geist. Es ist wichtig, hierbei zu erkennen, dass Bewusstsein und Geist nicht ein und dasselbe sind. Die Tatsache, dass wir auch unseren Geist *beobachten* können, bedeutet, dass der *Beobachter* des Geistes näher an der wahren Realität von uns selbst ist. In der Meditation gibt es den Beobachter und das Beobachtete. Wir können *sehen*, dass wir einen Körper haben. Der gleiche Effekt gilt im Prinzip auch für unseren Geist. Doch da dieser nicht visuell erfassbar ist, fällt es uns schwerer, ihn zu begreifen. Insbesondere auch, da wir nicht physisch an den Geist und seine Identifikation gebunden sind.

Stellen Sie sich vor, ein Mann entwickelt ein kleines, fortschrittliches Gerät. Dieses gibt alles, was er sagt, wieder und nimmt sein komplettes Leben auf, gleich einer Videokamera. Der Mann kann einzelne Szenen abspielen, wann immer er möchte – ganz einfach, weil er es will. Überdies ist das Gerät so leistungsfähig, dass es Hunderte von Bildern, Tönen und Videos abspielen kann – und das mit schier unendlicher Speicherkapazität. Der Mann ist begeistert und implementiert das Gerät in seinem Kopf. Er verbringt einen ganzen Tag mit dieser unglaublichen und revolutionären Innovation und genießt die Möglichkeit, Szenen mehrfach abzuspielen, um sie eingehend zu studieren. Zudem kann er viele Dinge gleichzeitig tun.

Andere staunen über seine neu gefundene, brillante Intelligenz und loben ihn. Der Mann liebt sein Gerät aufrichtig, schließlich hat es ihm ermöglicht, mehr Dinge zu analysieren und zu erschaffen als jeder andere. Er liebt sein „Denkwerkzeug" abgöttisch. Viele Jahre später ist das Gerät allerdings ein Teil von ihm geworden, so dass er vergessen hat, dass er es erschaffen hat. Obendrein wird es auf einmal so dysfunktional, dass er es nicht mehr abschalten kann.

Es beginnt, ständig mehrere Videos und Bilder gleichzeitig abzuspielen. Der Mann fühlt sich vollkommen überfordert, weil er ja nicht allen Videos auf einmal seine Aufmerksamkeit schenken kann. Er ist nicht mehr derjenige, der das Gerät kontrolliert, sondern er ist ihm ausgeliefert. Womit er auf eine Ebene, die unter dem Verstand angesiedelt ist, fällt.

Er wird depressiv und fällt jeder Sinneswahrnehmung zum Opfer, die ihm das „Denkwerkzeug" bietet, welches da in ihm wütet. Dies führt zu allen möglichen körperlichen und geistigen Krankheiten.

Wie bereits erläutert, sind Emotionen Reaktionen auf unsere Gedanken, und wenn wir bestimmte Gedanken nicht mögen, unter anderem auch, weil wir sie nicht kontrollieren können, entwickeln wir oft negative Emotionen. Das wiederum führt zu negativen Gefühlen in unserem Körper, die zu einer „Dis-Ease", dem englischen Begriff für Krankheit, führen.

Wenn der Mann sich zu sehr von seiner selbst konstruierten Maschine vereinnahmen lässt, kann es passieren, dass er die Illusionen seines „Denkwerkzeugs" nicht mehr von der Realität unterscheiden kann. In diesem Fall nennen wir eine Person geisteskrank.

Der Verstand reflektiert. Durch ihn erlangen wir die Fähigkeit, uns selbst und die Welt durch einen Spiegel zu erkennen. Doch der Verstand ist so mächtig, dass wir unbewusst viele Spiegel erschaffen. Spiegel in Spiegeln, und Spiegel, die gegen Spiegel in uns um Macht kämpfen. Die Spiegel entwickeln einen eigenen Geist und verlangen nach unserer Aufmerksamkeit. Dies ist im Wesentlichen auch die Wurzel von Sucht und Zwang. Es ist auch das, was die Buddhisten Maya nennen; die Illusion oder Verblendung.

Es ist auch der Zustand, in dem sich heute ein großer Teil der Menschheit befindet, natürlich in unterschiedlichem Ausmaß.

Wenn höherdimensionale Wesen die Erde besuchen und den allgemeinen Lärm in der mentalen Dimension der Erde hören würden, dann käme Ihnen so viel Leid in Form von lautem und disharmonischem Lärm zu Ohren. Der Verstand erschafft unsere Realität. Eine Art chaotischer Lärm wird in unserer physischen Welt über die endlosen Fernsehkanäle und das Internet reflektiert und manifestiert.

Der Verstand ist ein wunderbares Werkzeug und ein großartiges Geschenk der Schöpfung, das es uns ermöglicht, die Geheimnisse des Universums durch die Fähigkeit des Denkens und der Reflexion zu begreifen. Aber wir müssen vorsichtig mit seiner Macht umgehen.

Meditation bedeutet, dass Sie nicht zu dieser alten destruktiven Denkweise beitragen, sondern eine neue fördern. Das mag schwer zu glauben sein, da es etwas ist, was man physisch nicht wahrnehmen kann. Dennoch kann man psychisch einen Impuls des Friedens und der Stille erzeugen – wie klein oder unbewusst die Auswirkungen auch sein mögen.

Heute, da die Menschheit immer zerstörerischer und unsicherer wird und auch spirituell verloren erscheint, erleben wir, dass viele Menschen „verrückt" zu werden scheinen.

Inmitten dieser Verrücktheit durchbrechen jedoch immer mehr Menschen spontan die Schranken des begrenzten Verstandes durch intensives Leiden und suchen als Folge davon spirituelle Befreiung. Dies geschieht, wenn eine Seele kein Leid mehr ertragen kann und sie plötzlich all ihren Selbsthass und ihre Selbstherrlichkeit aufgibt. Lassen Sie sich jedoch nicht von Ihrem Verstand vorgaukeln, dass intensives Leiden eine wirksame Methode ist, um das Bewusstsein zu erwecken. Sie werden dadurch nur Schmerz erfahren. Wir werden diese Erfahrung eines erweiterten Bewusstseins auf eine rationelle und intelligente Weise erlernen, indem wir täglich bewusst meditieren. Und wir werden damit nicht nur uns, sondern auch vielen anderen Menschen auf ihrem Weg helfen.

„Entweder wir machen uns unglücklich oder wir machen uns stark. Die Arbeit, die wir investieren, ist die gleiche."

Don Juan Matus (Carlos Castaneda)

TIEFE MEDITATION

Der Atem, die Stille und die Dunkelheit – die wahre Wirklichkeit dieser Worte kann man nur in tiefer Meditation erfassen. Der hebräische Begriff „nefeš“, der wörtlich „Atem“ bedeutet, ist das Wort, das in der Bibel am häufigsten mit „Seele“ übersetzt wird. Daher wird der Atem zu einem mächtigen Portal in das Nichtphysische, wenn das Bewusstsein auf ihn gerichtet und für längere Zeit sanft konzentriert wird.

Die Meditation vermag es, die vielen Schichten des Geistes aufzulösen, man muss dabei nichts anderes tun, als ausdauernd und geduldig sein. Es gibt rein gar nichts, was wir sonst in der Meditation *tun müssten.* Der Geist wird von selbst klar und ruhig; das ist unwiderlegbar, ganz und gar wahr. Sie werden es erfahren, wenn Sie sich wirklich darauf einlassen, anstatt nur zu „experimentieren“.

Alles, was wir tun müssen, ist sein. Sein lassen und loslassen. Gehen Sie nicht in unbewusste Träume, *suchen Sie* nicht nach Erfahrungen oder „neuen Zuständen“. Erlauben Sie einfach dem Bewusstsein, sich zu entfalten und natürlich zu fließen; es weiß, was zu tun ist.

Es gibt nichts Mächtigeres, nichts, was mehr transzendiert als die tiefe Meditation. Hat man sich einmal mit der Meditation befasst, versteht man, wie einfach und genial ihre Wirkweise ist. Man muss nichts tun, und doch wird alles getan. Alles, was Sie machen müssen, ist, in meditativer Versunkenheit zu sitzen und zu beobachten. Allein durch diese Handlung durchdringt man auf natürliche Weise die vielen Schichten des Geistes mit seinen falschen Glaubensmustern und all dem Unsinn und findet sich selbst in glückseligen und klareren

Zuständen wieder. Meditation *ist* in gewissem Sinne eine bewusste Astralprojektion, d. h. die Rückkehr in die *Realität* und das Erwachen aus den Träumen des Verstandes im Hier und Jetzt.

Bei der Erleuchtung geht es nicht darum, mehr oder besser zu werden, sondern uns von all den Konditionierungen zu befreien.

Geduld und Akzeptanz sind ebenfalls wichtig. Wenn Ihr Geist zweifelt oder skeptisch ist, was soll's? Lassen Sie ihn. Es bedeutet nicht, dass auch Sie, Ihr Bewusstsein oder Ihre Wahrnehmung, zweifeln müssen. Erinnern Sie sich daran, dass Sie nicht Ihr Verstand sind. Dies ist eine befreiende und tiefgreifende Erkenntnis, die viele Menschen nicht einmal ansatzweise verstehen.

Manchmal wird auch mein Verstand skeptisch oder zweifelnd. Ich beobachte das dann einfach, lächle und setze meinen Tag oder meine Meditation fort. Ich weiß, dass diese Gedanken im Grunde nicht *ich* sind. Der Verstand präsentiert uns immer Wahrnehmungen, aber es liegt an uns, womit wir uns identifizieren. Der Verstand ist wie ein Kind, das sich ständig nach Aufmerksamkeit sehnt. Sobald wir ihm Aufmerksamkeit für bestimmte Verhaltensweisen schenken (z. B. Zweifel oder Angst), wird ihn nach mehr verlangen. Wenn wir jedoch aufhören, ihn mit unserer Aufmerksamkeit zu füttern, gibt er schließlich auf. Das Ego, das zuvor so sehr unsere Aufmerksamkeit wollte, stirbt dann im Wesentlichen. Doch seien Sie wachsam, das Ego kann sich jederzeit wieder manifestieren, wenn Sie sich selbst vergessen und Ihre Integrität ins Wanken gerät.

Wenn Sie meditieren, beobachten Sie einfach Ihre Gedanken und Gefühle und kehren dann zum Rhythmus Ihres Atems zurück. Wenn ein Gedanke auftaucht, kehren Sie einfach zum Atem zurück. Kommen noch mehr störende Gedanken? Kehren Sie einfach zum Atem zurück! Dieses „Tauziehen" scheint anfangs nicht sehr effektiv zu sein, aber wenn Sie hartnäckig sind und durchhalten, werden Sie tiefere Ebenen

Ihres Geistes durchdringen. Sie werden erkennen, dass Sie die Macht haben, bestimmte Gedanken oder Laster einfach nicht mehr mit Ihrer Aufmerksamkeit zu füttern.

So gewinnen Sie Selbstkontrolle und persönliche Macht.

Jedes Mal, wenn Sie sich bemühen, in den gegenwärtigen Moment des Atmens zurückzukehren, trainieren Sie Ihren Geist dazu, ruhiger und kontrollierter zu werden. In diesem ausgeglichenen Zustand wird der Geist zu einem weitaus effektiveren Werkzeug. Indem wir nutzlosen Gedanken nicht mehr unsere Energie geben, beginnen wir, Energie für uns selbst zu gewinnen. Mit zunehmender spiritueller Energie entsteht eine Intelligenz, die Frieden und innere Stille mit sich bringt. Diese Qualität der Meditation erfordert Zeit und bewusstes, konsequentes Üben. Genau wie beim Geldverdienen im physischen Bereich sehen wir nur dann Ergebnisse, wenn wir uns anstrengen.

„Was du akzeptierst, überwindest du.“

Eckhart Tolle

DAS EGO ALS HINDERNIS

Es ist großartig, wenn wir mit spirituellen Praktiken wie Meditation und Astralprojektion arbeiten können. Dennoch steht da ein Hindernis im Raum, das unsere Fortschritte behindert und uns allen gemein ist: Ich spreche vom berüchtigten Ego. Dieses Thema verdient eigentlich ein eigenes Buch, um es in seiner psychologischen Tiefe zu analysieren und zu erfassen. Gleichwohl möchte ich kurz darauf eingehen, wie das Ego unseren Fortschritten bei der Astralprojektion im Wege steht.

Sind wir den ganzen Tag über wütend, lüstern, hasserfüllt, reizbar, ungeduldig, ruhelos oder impulsiv, dann können diese Emotionen den Strom unserer fortgesetzten spirituellen Bemühungen unterbrechen und unseren Geist aus seiner Ruhe und seiner ursprünglichen Intention herausreißen. Das liegt vor allem daran, dass diese Eigenschaften oft das Ergebnis unbewusster, unkontrollierter Impulse sind.

Generell mag es sich erst mal nach einer Herausforderung anhören, unser Ego dahingehend zu kontrollieren, aber es ist machbar und hat viele positive Auswirkungen. Wenn wir unsere negativen Tendenzen und Fehler erkennen, können wir diese schlechten Gewohnheiten, die wir im Laufe des Tages haben, dazu nutzen, um im Bewusstsein zu wachsen. Nehmen wir zum Beispiel an, ein Mann kommt von der Arbeit zurück und ärgert sich, weil seine Frau nicht bereits mit dem Essen auf dem Tisch auf ihn wartet. Erst wird er vielleicht nur etwas verärgert darüber sein, aber diese Stimmung kann schnell kippen, wenn er sich nicht darum bemüht, bewusst zu werden. Seine Irritation könnte sich dann in Wut verwandeln, einem Impuls folgend könnte er seinen Zorn dann verbal ausdrücken, und wenn es ihm an Rationalität fehlt, wird sich sein Ärger vielleicht sogar körperlich äußern. In jedem Fall ist der Gemütszustand dieses Mannes nun aufgewühlt. Anklänge seiner Wut können in seinem Geist verbleiben, bis er schläft und den Stress des Tages durch den Schlaf wirklich loslassen kann. Was übrigens auch ein Zweck des Schlafes ist.

Nehmen wir an, dieser Mann ist an Traumzuständen und den damit verbundenen Praktiken interessiert. In diesem Fall wird es ihm entweder schwerfallen, luzide zu werden, oder er wird sich nur an Träume erinnern, die mit diesem gerade erlebten emotionalen Aufruhr zusammenhängen.

Ob wir tagsüber in eine Situation geraten, die uns „verletzt", einen Streit erleben oder einen Bericht in den Nachrichten sehen, der uns aufwühlt – in jedem Fall werden wir nachts höchstwahrscheinlich von solchen Ereignissen träumen.

Träume dienen unserem Bewusstsein dazu, die Eindrücke des Tages zu verarbeiten, um für den darauffolgenden gerüstet zu sein. Wenn wir also nicht zulassen, dass die Erlebnisse des Tages in unserem Bewusstsein als stressig oder negativ interpretiert werden, dann haben wir bessere Chancen, in unseren Träumen aus dem Körper herauszukommen oder luzide zu werden. Ähnlich verhält es sich mit Menschen, die „schlecht" schlafen oder immer wiederkehrende Albträume haben, weil sie eine Erfahrung gemacht haben, die einen so starken Eindruck hinterließ, dass ihr Bewusstsein immer noch damit kämpft, diese zu „verarbeiten". In der Konsequenz werden diese Erfahrungen Teil der zugrunde liegenden unterbewussten Realität, die sich auf verschiedene Weise im Verhalten äußern kann. Aus diesem Grund kann konsequente Meditation und Arbeit an sich selbst langfristig zu einem Heilungsprozess führen.

In solchen Momenten sollten wir nach innen schauen und uns dieser Emotionen sehr bewusst werden. Wir sollten sie abfangen, bevor sie wachsen und übermächtig werden. Wenn Sie spüren, dass störende Emotionen oder Reaktionen Sie überwältigen, können Sie sich fragen: „Ist es das wert, wütend, gereizt oder deprimiert zu sein und meinen inneren Frieden zu zerstören?“ Sie können sich selbst dann versichern: „Nichts kann mich überwältigen.“

Versuchen Sie immer, das Gesamtbild zu sehen. Viele Dinge, die wir tun oder sagen, sind in der größeren Realität des Lebens letztlich unwichtig; es wird alles vorübergehen. Halten Sie an Ihrem inneren Frieden fest.

Im Laufe jedes Tages gibt es zahlreiche Gelegenheiten, uns selbst herauszufordern. Das kann unsere eigene Trägheit betreffen, unsere Essgewohnheiten, die Lust auf Süßigkeiten, unseren Fernsehkonsum oder den Umgang mit komplizierten Familienmitgliedern. Üben Sie sich in der Kontrolle über Ihre Reaktionen und Impulse. Jede Herausforderung ist eine Chance, sich negativer Tendenzen bewusst zu werden, die Depressionen, Ärger oder schlechte Laune verursachen, und diese letztendlich zu überwinden. Wir alle haben solche „Auslöser“ – werden wir mit ihnen konfrontiert, dann werden wir entweder weniger bewusst oder bewusster. Je nachdem, wie gut und stark wir die Tendenzen, die in unserem Bewusstsein auftauchen, kontrollieren können.

Generell ist es wichtig, diese „Trigger“ im täglichen Leben nicht als etwas Negatives zu betrachten. Ohne sie wären wir nicht in der Lage, uns selbst zu entdecken.

Die Welt ist ein Spiegel, der alle Facetten von uns reflektiert, die guten, aber auch die schlechten. Im Gnostizismus wird dies als die „psychologische Gymnastik des Lebens“ bezeichnet, und sie gilt als ein mächtiges Werkzeug, um unser Ego aufzulösen. Sie ist eine gute Alternative zur Flucht in einen Tempel, wo wir unser eigenes Ich abgekapselt von der Gesellschaft entdecken. Noch dazu, wo das letztere Szenario kaum Herausforderungen mit sich bringt und mit hoher Wahrscheinlichkeit auch nicht die unbewussten Reaktionen in uns zum Vorschein brächte. Insbesondere, wenn man nicht mehr mit anderen Menschen zu tun hat.

„Die beste Methode zur Auflösung des Egos findet sich im intensiv gelebten Alltag."

Samael Aun Weor

Zweifellos ist es für viele von uns schwierig, sich selbst zu reflektieren, ganz zu schweigen davon, sich die eigenen Fehler einzugestehen. Das ist das menschliche Dilemma, und man muss verstehen, dass es ganz natürlich ist, denn wenn wir keine Dunkelheit in uns hätten, gäbe es auch keinen spirituellen Weg zu beschreiten. Es gäbe keine Reise, auf der wir uns bemühen müssten, Licht in die dunklen und unbekannten Gebiete unseres Bewusstseins zu bringen. Schließlich läge sonst alles bereits klar vor uns, und Sie hätten kein Verlangen, dieses Buch überhaupt zu lesen. Was wäre der Sinn der spirituellen Reise des Menschen, wenn wir nicht von Anbeginn Dunkelheit in uns hätten?

Um wirklich einen Blick auf unsere egoistischen Muster zu werfen, braucht es Aufrichtigkeit, Ehrlichkeit und Demut, verbunden mit einem stets wachen und bewussten Lebensstil. Eine Vorgehensweise, bei der wir uns selbst zurücknehmen, mag uns zunächst wie ein schwacher Charakterzug erscheinen, aber es ist der richtige Schritt auf dem Weg zu wahrer spiritueller Stärke. Sobald Sie ihn selbstlos gehen, werden Sie bemerken, wie sich Ihre nächtlichen Erfahrungen positiv und tiefgreifend verändern: Sie werden Ihnen die richtige Bedeutung verleihen können und keine zufälligen und sinnlosen AKE mehr haben.

„Das Ego kann sich nicht selbst auflösen, nur im Licht der Erkenntnis löst es sich auf."

Eckhart Tolle

Die Kraft der Gegenwart

Meiner Meinung nach haben die Bereiche Meditation und Präsenz sehr viel mehr Aufmerksamkeit verdient, als ich es oft bei Astralprojektionsgemeinschaften sehe. Von Anbeginn haben Yogis und Mönche die tieferen Realitäten der Astralebene ganz natürlich entdeckt, und das ganz ohne Vorkenntnisse. Sie praktizierten in der Reihenfolge: Meditation, luzides Träumen und dann folgte die Astralprojektion. Sie taten dies, indem sie von Moment zu Moment präsent blieben. Das Leben als eine einzige lange Meditation betrachteten und sich darum bemühten, die persönlichen Fehler, psychischen Probleme und Illusionen zu erforschen, die ihnen im Weg standen.

Für die meisten Menschen, mit Ausnahme weniger begabter Personen, ist es nicht besonders sinnvoll, direkt in die Astralprojektion einzusteigen. Lernen Sie lieber die einzelnen Schritte: Meditation, luzides Träumen, Astralprojektion. Studieren Sie die Methoden und üben Sie. Es besteht kein Grund zur Eile. Tatsächlich gibt es viele Berichte von Menschen, die sich so intensiv mit Meditation und Erleuchtung beschäftigten, dass sie dann, zu ihrer Überraschung, ganz automatisch spontane außerkörperliche Erfahrungen machten. Ohne überhaupt zu wissen, was AKEs sind. Wenn Sie häufig an der Astralprojektion „scheitern", dann lassen Sie sich nicht entmutigen. Die Tatsache, dass Sie es versuchen, sagt schon so viel Positives über Sie aus. Wie zuvor bereits erwähnt: Sobald Sie sich der

Astralprojektion auf eine aufrichtige und langfristig orientierte Weise nähern, werden Sie sich letztendlich verwandeln. Sie werden nicht nur ein oder zwei gelegentliche unbedeutende Erlebnisse haben, sondern für den Rest Ihres Lebens regelmäßig spontane außerkörperliche Erfahrungen machen. Die Arbeit, die Sie investieren, ist es auf jeden Fall wert.

„Erkenne zutiefst, dass der gegenwärtige Moment alles ist, was du hast. Mache das jetzt zum Hauptaugenmerk deines Lebens. Das Leben ist jetzt. Es gab nie eine Zeit, in der dein Leben nicht jetzt war, und es wird auch nie eine solche geben."

Eckhart Tolle

EINE EIGENE TECHNIK ENTWICKELN

Wir können nur einen Bruchteil der Realität der Astralprojektion mit unserem Verstand erfassen. Es ist anzunehmen, dass die rechte Gehirnhälfte, diesen komplexen Prozess am besten begreift. Die Seite, die für das vernetzte Denken, die Kreativität und Emotionen zuständig ist. Menschen, die bewusst astral projizieren, sind im Grunde Künstler. Daher bin ich der Ansicht, dass wir uns dem Prozess auch auf diese Weise nähern sollten. Bildlich sehe ich einen talentierteren Maler, der vor seiner Leinwand steht, vor mir. Fragen wir uns einmal, wie berühmte Musiker ihre fantastischen Werke oder Sinfonien komponieren konnten. Natürlich haben sie die Musik studiert. Aber haben große Musiker wie Mozart oder Beethoven systematisch darüber nachgedacht, als sie ihre überirdisch schönen, nahezu weltfremden Werke auf dem Höhepunkt ihrer Karriere komponierten? Ich würde behaupten, dass sie das nicht getan haben. Ich glaube, dass die grundlegenden Fähigkeiten hierfür zu diesem Zeitpunkt tief in ihrem Unterbewusstsein verankert waren. Als es dann an der Zeit war, die Musik zu erschaffen, folgten diese Künstler einfach ihrem Herzen – und mit diesem intelligenten Organ sollten wir uns auch den Phänomenen der Astralprojektion nähern.

Das Internet birgt eine Fülle von Informationen über die Phasen und Empfindungen, die während der Astralprojektion auftreten. Viele Menschen analysieren diese zu sehr und denken, dass sie diese Vorgänge auf logische Weise „studieren“ müssen. Das ist so, als würde man sich fragen:

„Wie gehe ich?“, und zu sich sagen: „Nun, ich sollte aufstehen, meine Füße auf den Boden stellen und versuchen, ein Knie zu beugen und dann einen Fuß anzuheben." Doch dann fällt man, weil man zu viel *denkt*, anstatt *zu handeln*. Das Gehen setzt unseren Gleichgewichtssinn und das Bewusstsein des gesamten Körpers voraus. Konzentriert man sich auf einen Teil, ohne den anderen in der Balance zu halten, wird man unweigerlich fallen. Genauso müssen wir erkennen, dass die Astralprojektion ein gesunder, ganzheitlicher, organischer, natürlicher und integraler Bestandteil unseres Lebens ist. Eben genauso wie das Gehen. So wie Kleinkinder das Laufen lernen, ohne darüber nachzudenken, so sollten wir auch die Astralprojektion auf instinktive Weise angehen.

Glauben Sie an die Astralprojektion

In der modernen Welt glauben die meisten Menschen erst dann an etwas, wenn sie es sehen. Daher das uralte Sprichwort: „Glauben heißt sehen." Mir gefällt diese Denkweise. Sie ist objektiv und geht davon aus, dass man keine Schlüsse über die Realität ziehen möchte, bevor man sie selbst direkt erlebt und erfahren hat. Womit wir wieder bei der *Gnosis* angelangt wären, dem Wissen, das auf direkter Erfahrung und nicht auf Glauben beruht. Dennoch muss ich zugeben, dass ich, beim Thema außerkörperliche Erfahrung, einen Glaubenssprung machen musste.

Um zu projizieren, muss man glauben. Wenn Sie skeptisch in Bezug auf die Realität der Astralprojektion sind, dann versuchen Sie, Ihrem Geist den Mut zu geben, für eine gewisse Zeit von Ihrem Misstrauen abzulassen. Auf diese Weise können wir das Sprichwort „Sehen ist Glauben" in „Glauben ist Sehen" umwandeln.

Übermäßiges Analysieren, wie es dem Verstand zu eigen ist, kann zu Zweifeln führen. Wenn Sie die Erfahrung der Astralprojektion machen wollen, ist mein persönlicher Rat, sich nicht zu viele Fragen zu stellen. Niemand kann die Astralprojektion vollständig erklären und ihr mit Worten gerecht werden. Ob Sie glauben oder zweifeln, in jedem Fall sind beide Haltungen Überzeugungen. Die Tiefe der Realität, die sich dahinter verbirgt, kann der intellektuelle Verstand erst begreifen, wenn er sie selbst erlebt. Haben Sie Vertrauen und wissen Sie innerlich, dass Sie lernen *werden*, eine AKE zu machen. Die Wirklichkeit ist nie so, wie unser Verstand sie sich vorstellt, ganz gleich, welchen Anschein es haben mag.

Der erste Schritt ist also der Glaube, der auf Vertrauen und Intuition beruht. Wenn man die Erfahrung gemacht hat, braucht man keinen Glauben mehr, denn sie verwandelt sich in direktes Wissen. Man muss also diesen Glaubenssprung machen. So wie es die Eingeweihten mit ihren verbundenen Augen in den Tempeln der Freimaurer, Theosophen, Gnostiker oder Rosenkreuzer gemacht haben. Die damit verbundenen Zeremonien sind lediglich ein Spiegelbild der inneren Prozesse, die bei der Aneignung von spirituellem Wissen stattfinden.

Identifizieren Sie sich nicht mit Gedanken

Es ist wichtig, dass wir uns im Bewusstsein verwurzeln und nicht in der oberflächlichen Schicht unseres Lebens und unserer Gedanken. Was uns zu der Frage führt: Was sind Gedanken eigentlich? Sie sind Objekte oder Formen, die im Raum unseres Bewusstseins herumschweben. Für die Erleuchtung ist es wichtig, dass wir in der Formlosigkeit verwurzelt sind, dass wir mehr Raum in unserem Bewusstsein haben als Objekte. Dies erfordert eine Art „räumliches“ oder „peripheres“ Bewusstsein in unserem täglichen Leben, anstatt uns auf bestimmte Gedankenformen zu konzentrieren oder uns in denen zu verlieren, die sich uns zwanghaft präsentieren. Der Verstand ist in dieser Hinsicht von Natur aus dysfunktional, und wir werden unweigerlich umso stärker beeinträchtigt, je mehr wir uns mit jedem Gedanken identifizieren, der unsere Psyche betritt. Betrachten wir den alten philosophischen Spruch „Ich denke, also bin ich" von Descartes.

Hier liegt ein Irrtum vor, den Sie vielleicht erkennen und der im Folgenden erläutert wird.

„Der Philosoph Descartes glaubte, die grundlegendste Wahrheit gefunden zu haben, als er seine berühmte Aussage machte: ‚Ich denke, also bin ich.' In Wirklichkeit hatte er den grundlegendsten Irrtum zum Ausdruck gebracht, das Denken mit dem Sein und die Identität mit dem Denken gleichzusetzen.

Es dauerte fast 300 Jahre, bis ein anderer berühmter Philosoph etwas an dieser Aussage bemerkte, was Descartes und alle anderen übersehen hatten.

Sein Name war Jean-Paul Sartre. Er analysierte Descartes Aussage sehr gründlich und erkannte plötzlich: Das Bewusstsein, das sagt ‚Ich bin', ist nicht das Bewusstsein, das denkt. Was so viel bedeuten soll wie:

Wenn man sich bewusst ist, dass man denkt, ist dieses Bewusstsein nicht Teil des Denkens.

Es ist eine andere Dimension des Bewusstseins. Und es ist dieses Bewusstsein, das sagt: ‚Ich bin.'

Wenn es in uns nur Gedanken gäbe, würden wir nicht einmal wissen, dass wir denken.

Wir wären wie ein Träumer, der nicht weiß, dass er träumt. Wir wären mit jedem Gedanken genauso identifiziert wie der Träumer mit jedem Bild im Traum."

Eckhart Tolle

Wille und Entschlossenheit

Nachdem wir nun die Bedeutung des raumorientierten Bewusstseins behandelt haben, sollten wir ein besseres Gespür dafür entwickeln, wie wir unsere Gedanken, unseren Willen und unsere Wünsche besser steuern und beherrschen können. Einer der wichtigsten Aspekte der Astralprojektion, der auch für jede spirituelle Praxis gilt, ist unsere Entschlossenheit. Sie prägt die Art und Weise, wie wir unser Unterbewusstsein aktivieren und unserem „handelnden" Selbst vertrauen, für uns zu agieren, während wir, das Bewusstsein, ruhig im Nichthandeln bleiben.

In den Büchern von Carlos Castaneda schließt der indianische Schamane Don Juan Matus viele seiner Lehren ab, indem er erfolgreiche spirituelle Menschen als „tadellose Krieger mit unbeugsamen Willen" beschreibt.

„Makellosigkeit beginnt mit einer einzigen Handlung, die absichtlich, präzise und nachhaltig sein muss. Wenn diese Handlung lange genug wiederholt wird, resultiert daraus ein Gefühl der unbeugsamen Absicht, das auf alles andere angewendet werden kann.

Wenn das erreicht ist, ist der Weg frei.

Eines wird zum anderen führen, bis der Krieger sein volles Potenzial ausschöpft.

Alles ist möglich, wenn man es mit einer unbeugsamen Absicht möglich machen will und sich nicht von seinen Gedanken ablenken lässt."

Don Juan Matus führt weiter aus:

„Die Herausforderung ist, ob Sie in der Lage sein werden, Ihren Willen oder die Kraft Ihrer zweiten Aufmerksamkeit zu entwickeln, um sich auf alles zu konzentrieren, was Sie wollen."

Diese „zweite Aufmerksamkeit“ ist aus Sicht der amerikanischen Ureinwohner dasselbe wie Ihr unterbewusster *Wille*. Ihr Verbündeter, auf den Sie sich verlassen können, wenn er gut gepflegt wird. Wie kultivieren wir also diesen Willen? Bringen Sie all Ihre Liebe, Ihre Neugier, Ihre Leidenschaft und Ihr Interesse für die Astralprojektion ein. Widmen Sie sich ihr, beten Sie, meditieren Sie und durchdringen Sie sie bis ins Innerste ihres Wesens und lassen Sie keinen Raum für Zweifel. „Befreie deinen Geist“, wie Morpheus im legendären Film „Matrix“ sagte.

Don Juan meinte auch: „Es gibt einen Unterschied zwischen dem Kennen des Weges und dem Gehen des Weges.“ Also gehen Sie den Weg und üben Sie! Üben, üben, üben! Jede Nacht, wenn Sie einschlafen, können Sie zu sich selbst sagen: „Ich werde astral projizieren!“ Wiederholen Sie dies immer wieder und fühlen Sie es in jeder Zelle Ihres Wesens, bis der Schlaf Sie überwältigt. Ohne zu wissen, wie Ihnen geschieht, werden Sie feststellen, dass Sie Ihren Körper verlassen.

Willenskraft ist ein wesentlicher Schlüssel zur Astralprojektion, und tatsächlich kann man sie allein durch den Willen und die feste Intention erreichen. Ganz ohne irgendeine andere besondere Methode. Vorausgesetzt, Sie trainieren genug, um astrale Reisen zu unternehmen. Man kann den ganzen Tag auf allen Ebenen des Geistes dem Ziel zu projektieren nachgehen. Wenn Sie es wirklich wollen, wird es geschehen. Wenn Sie auf diese Weise vorgehen, in dem Wissen, dass Sie astral projizieren werden, verankern Sie die Absicht nicht nur tief in Ihrem Unterbewusstsein, sondern auch in Ihrem Bewusstsein. So werden Sie unweigerlich eines Tages spontan eine AKE erleben. Sie müssen es wollen, danach streben, es sich von ganzem Herzen wünschen. Auch wenn Sie in der Arbeit, der Schule, beim Einkaufen, beim Hausputz oder sogar im Gespräch mit Ihrem Chef sind.

Betrachten Sie das Astrale in Ihrem täglichen Leben; denken Sie über die Verbindung zwischen der physischen und der astralen Welt nach. Seien Sie sich ihrer Bedeutung in der Existenz bewusst. Diese Welt ist immer um uns herum, so wie der Sauerstoff. Sie ist nicht nur in uns, sondern auch ein wesentlicher Bestandteil unserer Natur. Die astrale Dimension birgt die nichtphysischen Kräfte und Gefühle in sich, die wir mit anderen Menschen teilen.

Ein weiterer Tipp in Bezug auf die Intention ist, dass Sie sich genau überlegen sollten, warum Sie diese Reise in die Astralebene machen und was Sie damit erreichen wollen. Das bedeutet, dass Sie eine bestimmte Aufgabe haben sollten, die Sie erledigen möchten, wenn Sie sich das nächste Mal außerhalb des Körpers befinden. Eine Intention wie „Ich möchte das tun, was am besten ist", ist zwar im Prinzip in Ordnung, aber wenn Ihre Absicht sehr vage ist, dann wird auch Ihre Erfahrung so sein.

Weitaus besser ist es, wenn Sie einen bestimmten Wunsch, den Sie unbedingt verwirklichen wollen, haben. Sei es, dass Sie Ihre vergangenen Leben erforschen möchten, einen verstorbenen Verwandten kontaktieren wollen, die Zukunft der Erde sehen möchten, mit einem geistigen Führer sprechen oder einen anderen Planeten entdecken wollen.

Die Möglichkeiten sind endlos, wichtig ist, dass Ihr Wunsch innig genug ist, nur dann wird Ihnen die emotionale Kraft des Herzens helfen. Schließlich wird die Astralebene in verschiedenen esoterischen Texten gemeinhin als die „Gefühlsebene" bezeichnet.

Wenn Sie diese Empfehlungen befolgen, verankern Sie Ihr Bewusstsein in einer willensstarken Absicht. Es wird Ihre Chancen auf eine bedeutsame und lange Reise erheblich erhöhen. Explizit bedeutet das: Sie werden nicht ziellos auf der Astralebene umherlaufen, was im Allgemeinen zu kurzen und weniger aussagekräftigen Erfahrungen führt.

NICHT ZU VIEL AUF EINMAL WOLLEN

Analyse unterschiedlicher Erfahrungen

Einer der häufigsten Sätze, den ich von Menschen höre, die sich in einem frühen Stadium der Astralprojektion befinden, ist folgender:

„Ich kam in die Schwingungsphase, und dann versuchte ich, aus meinem Körper herauszukommen, aber ich konnte es nicht."

Meiner Meinung nach birgt allein diese Art des Denkens potenzielle Probleme. Wenn Sie sich dabei ertappen, schon einmal ähnlich gedacht zu haben, überlegen Sie für sich, wie diese Denkweise Ihre Erfahrungen beeinflussen kann. Ich sage nicht, dass ein solcher Gedanke falsch ist, aber eine kritische Analyse kann dabei helfen, eventuelle Fehlerquellen aufzudecken.

Um diesen Satz einmal ganz genau zu analysieren, zerlegen wir ihn. Wir beginnen mit dem Part:

„Ich kam in die Schwingungsphase ..."

Es ist ganz selbstverständlich zu reflektieren; aber versuchen Sie nicht in „Phasen" zu denken. In der Astralprojektion gibt es keine konkreten Regeln oder Phasen. Erwarten Sie nicht, dass sich dieselben Empfindungen wiederholen oder dass sie in einer bestimmten Reihenfolge auftreten.

Die Astralprojektion löst keine standardisierten Emotionen aus. Auch wenn andere von bestimmten Empfindungen berichten, bedeutet das nicht, dass auch Sie die gleichen haben werden. Die Erfahrung kann jedes Mal anders sein. Manchmal sind die Empfindungen auch nur minimal spürbar, vor allem wenn Sie direkt aus einem luziden Traum in die Astralebene gehen.

Kommen wir nun zum zweiten Teil des Satzes:
„... und dann habe ich versucht, aus dem Körper herauszukommen ...“

Dieser steht dafür, dass Sie Schwingungen spüren und das Gefühl haben, kurz davor zu sein, aus Ihrem Körper herauszukommen. Dann aber ruinieren Sie die Erfahrung, indem Sie Ihren Körper zu früh verlassen möchten. Aus diesem Gefühl des Scheiterns heraus, beenden Sie schließlich den „Versuch“. Hier kommt mir ein passendes Zitat von Yoda aus Star Wars in den Sinn: „Tun oder nicht tun, es gibt keinen Versuch.“

Wenn Sie kurz davor sind, Ihren Körper zu verlassen, spüren Sie in der Regel Vibrationen, hören Geräusche oder sehen Bilder. Über all das müssen Sie sich keine Gedanken machen. Auch wenn Sie sich gerade wie ein Kind im Süßigkeitenladen fühlen, versuchen Sie nicht, diese Empfindungen festzuhalten. Seien Sie stattdessen geduldig, geben Sie sich ihnen hin und lassen Sie sie sich natürlich entfalten, denn nur so können Sie diese letztendlich verstärken.

Sobald Ihre Empfindungen stark genug sind, sollten Sie in der Lage sein, sich in sie hineinzuversetzen und einfach aus Ihrem Körper „aufzustehen“.

Für den Fall, dass das doch nicht klappen sollte, bedeutet das keinesfalls ein Versagen Ihrerseits. Gehen Sie einfach wieder dazu über, die Empfindungen wahrzunehmen und in sie einzutauchen, und versuchen Sie es in ein paar Augenblicken erneut. Halten Sie Ihr Bewusstsein, Ihre Willenskraft und Ihre Intention aufrecht; das ist alles, was Sie machen müssen.

Vergleichen Sie es mit der Meditation. Hier würden Sie ja auch nicht jedem neuen Gedanken, der auftaucht, einfach ziellos nachgehen – und dann aufgeben.

Nein, das Prinzip der Meditation besteht darin, das Bewusstsein ruhig und losgelöst aufrechtzuerhalten. Genau das Gleiche gilt für die hypnagogen Empfindungen während der Astralprojektion. Wenn Sie das Gefühl haben, dass der richtige Zeitpunkt gekommen ist, „versuchen“ Sie es nicht, sondern „tun“ Sie es einfach und verlassen Sie Ihren Körper. Denken Sie nicht darüber nach.

Nun zum letzten Teil des Satzes:

„... aber ich konnte es nicht tun.“

Erstens: Lassen Sie sich nicht entmutigen. Rom wurde auch nicht an einem Tag erbaut. Auch in der Astralprojektion ist die Beständigkeit entscheidend. Bemühen Sie sich weiter, und Sie werden die Früchte ernten. Viele Menschen denken, dass sie „am Versuchen scheitern“, das ist schlichtweg falsch. Jeder Versuch und jede Anstrengung tragen zu unserem Fortschritt bei, egal wie lange man etwas schon probiert. Man kann nur durch Erfahrung lernen und die macht man eben genau so. Unsere „Versuche“ sind somit ein Teil der Lernerfahrung, und die Tatsache, dass Sie sich bemühen, ist Grund genug, sich selbst Anerkennung zu geben.

Zweitens: Unser Verstand ist aufgrund kultureller Konditionierungen fest darauf eingestellt, dass wir etwas „tun“ müssen, um ein Ergebnis zu erzielen.

Auch hier gilt: Nehmen Sie das nicht zu wörtlich. Natürlich *tun* Sie etwas – Sie versuchen, astral zu projizieren. Doch paradoxerweise ist es klug, dem „Nichttun“ als Mittel zum Zweck hier den Vorrang zu geben. Wodurch sich uns die Frage stellt: Wie können wir etwas erreichen, wenn wir uns während unserer Bemühungen in einem Zustand des Nichttuns befinden? Ganz einfach: Wir bringen unser Unterbewusstsein dazu, für uns zu arbeiten, indem wir es mit unserem Glauben, unserer Willenskraft und unserer Intention konditionieren.

Das Verlassen des Körpers

Nachdem ich nun verdeutlicht habe, warum Sie damit aufhören sollten, den Wunsch, den Körper zu verlassen, als Versuch anzusehen, befassen wir uns jetzt damit, wie Sie Ihren Körper verlassen können, wenn die richtige Zeit dafür gekommen ist. Irgendwann während Ihrer Bemühungen werden Sie übersinnliche Schwingungen, Klänge oder Bilder wahrnehmen. Dies geschieht in der Regel genau zwischen den Phasen von Wachsein und Schlaf. Es gibt einen Punkt, an dem Sie tatsächlich versuchen müssen, aus dem Körper herauszukommen, aber es ist eine subtile Kunst, herauszufinden, wann dieser Moment genau gekommen ist.

Normalerweise kündigt sich der richtige Zeitpunkt an, wenn Sie spüren, dass die mit dem Prozess der Astralprojektion verbundenen, übersinnlichen Phänomene einen Höhepunkt erreicht haben. Das erfordert Übung, aber mit der Zeit entwickelt man ein Bewusstsein dafür. Mein direkter Rat ist, wann immer Sie versuchen, nach oben zu schweben, einfach „aufzustehen" oder sich aus Ihrem physischen Körper „herauszurollen". Achten Sie dabei darauf, ob die Empfindungen schwächer werden. Ist dies der Fall dann, halten Sie inne und versuchen Sie, sie einfach weiter wahrzunehmen. Nach ein paar Augenblicken sollten diese wieder stärker werden und Sie können Ihren Ausstieg aus dem Körper erneut fortsetzen. Konzentrieren Sie sich ruhig auf die Empfindungen und lassen Sie zu, dass sich diese intensivieren. Sie sollten auf jeden Fall lauter und stärker werden. Erst dann ist der Zeitpunkt da, sich von Ihrem physischen Körper zu trennen.

Es ist, als würde man Milch in einem Topf auf dem Herd kochen, um sie in einen Becher zu gießen. Die Milch ist Ihr Bewusstsein, die Herdplatte ist die Kraft Ihrer meditativen Absicht, der Topf ist Ihr physischer Körper und der Becher ist Ihr Astralkörper. Kochen Sie die

Milch geduldig, denn falls Sie diese zu früh vom Herd nehmen, hat sie noch nicht die richtige Temperatur. Nehmen Sie sie zu spät vom Herd, dann kocht sie über. Es kommt also auf den exakt richtigen Moment an.

Der Schwingungszustand ist keine physische Empfindung. Obwohl es sich anfühlen kann, als würde man ein kleines Erdbeben erleben, ist es nur eine „Aktivierung" des Astralkörpers. Erinnern Sie sich daran, dass Ihr physischer Körper in einem tiefen Entspannungszustand sein muss, damit Sie astral projizieren können – und dass er schlafen muss. Sie müssen die Schwingungsstufe, von der so oft die Rede ist, nicht „anstreben". Sie müssen Sie auch nicht erleben, um astral zu projizieren.

Halten Sie die Augen offen

Ein wichtiger Tipp, den ich allen Anfängern gebe, ist, dass Sie, sobald Sie Ihren Körper erfolgreich verlassen haben, nicht die Augen schließen sollten. Halten Sie sie die ganze Zeit über offen, wenn Sie die Astralebene erkunden. In dieser nichtphysischen Umgebung ist es nicht einmal erforderlich zu blinzeln. Auch wenn Sie sich an einen anderen Ort oder in eine andere Dimension begeben wollen, lassen Sie die Augen offen. Ich betone das ausdrücklich, weil das Schließen der Augen eine Methode sein *kann*, um in den physischen Körper zurückzukehren. Erfahrene Praktizierende sind eher in der Lage, die Augen zu schließen, ohne wieder in ihren Körper zurückzugehen, aber für Anfänger ist das nicht so einfach. Tatsächlich ist es die Sehkraft, die uns im Astralraum verankert. Wenn Sie sich außerhalb des Körpers befinden und Ihre Augen bereits geschlossen sind und Sie Schwierigkeiten haben, diese zu öffnen, können Sie versuchen, sie mit Ihren (astralen) Fingerspitzen zu öffnen. Dann sollten Sie in der Lage sein zu sehen. Wenn nicht, könnte der Instinkt, in Ihren physischen

Körper zurückzukehren, zu stark sein. Sind Sie vom physischen Körper getrennt, dann ist wichtig, dass Sie sich wohlfühlen. Was passieren kann, aber vollkommen harmlos ist, sind Sehstörungen. Bislang habe ich allerdings noch nicht oft davon gehört und meist betrifft dies nur Menschen, die zum ersten Mal eine Astralerfahrung machen. Der Grund liegt darin, dass sich unser normales Wachbewusstsein erst daran gewöhnen muss, einen völlig neuen Körper zu benutzen. Derselbe Effekt kann auch beim Gehen auftreten. Die Beine fühlen sich dann sehr schwer an. In diesem Fall kann man versuchen, die Füße mit den Händen hochzuheben. Doch das Problem kann auch durch die bloße Willenskraft behoben werden. In jedem Fall lassen solche Erscheinungen allmählich nach. Sie werden Ihren Astralkörper in kürzester Zeit beherrschen, so wie ein Baby schließlich lernt, mit seinem neuen physischen Körper zu laufen und zu sprechen.

WIE MAN SICH IN DER ASTRALWELT BEWEGT

Wenn Sie außerhalb des Körpers sind, müssen Sie keine besonderen Techniken einsetzen, um zu tun, was Sie wollen, oder an den Ort Ihrer Wahl zu gelangen. Sie machen dies einfach mit der Kraft Ihres Willens. Ihre Emotionen werden zu Ihrer leitenden Kraft – und zu Ihrem Kompass. Sie setzen sie auf die gleiche Weise ein, wie Sie in Ihr Schlafzimmer gehen, um zu schlafen, oder in Ihre Küche, um zu essen. Sie denken nicht darüber nach; Sie stehen einfach auf und tun es. Angenommen, Sie befinden sich außerhalb Ihres Körpers und wollen Paris besuchen, dann können Sie einfach durch den Himmel fliegen, mit der Absicht, in der französischen Hauptstadt anzukommen. Sie werden nicht die exakte physische Route sehen, die Sie fliegen müssen, und Sie werden auch nicht die gleiche Zeit benötigen wie ein Flugzeug. Sie kommen innerhalb weniger Augenblicke an. Vielleicht entsteht sogar ein Wurmloch Effekt um Sie herum, oder alles wird für ein paar Sekunden schwarz, bis Sie an Ihren gewünschten Ort gelangen.

In verschiedenen esoterischen Lehren wird die Astralebene als die fünfte Dimension bezeichnet. Wenn dies richtig ist, können wir davon ausgehen, dass die fünfte Dimension jenseits von Raum und Zeit liegt. In logischer Konsequenz wäre das auch der Grund, warum, wir in der Lage sind, physische Entfernungen zwischen zwei Punkten zu überwinden und sowohl in die Vergangenheit als auch in die Zukunft reisen können. Um durch die Zeit zu reisen, verwenden wir das gleiche Prinzip: unseren Willen. Die Absicht ist das Antriebsrad. Generell ist es sinnvoll, ein Ziel vor Augen zu haben, das man verwirklichen will oder einen Ort, den man besuchen möchte, bevor man aus dem Körper austritt.

Der Astralkörper ist energetisch und visiert damit immer gerne ein Ziel an. Wenn ein Fahrzeug kein Ziel hat, müssen wir es nicht einschalten, wir können es genauso gut abschalten, um Energie zu sparen. Nach meinem Verständnis erfordert die Astralprojektion eine Menge spiritueller Energie, also nutzen Sie Ihre Zeit weise, aber überstürzen Sie nichts.

Legen Sie einfach Ihr Ziel fest und genießen Sie die Fahrt. Der Astralkörper ist fortschrittlicher als jedes selbstfahrende Auto. Unterschätzen Sie ihn nicht, vertrauen Sie ihm.

Überlegen Sie sich ein oder zwei Dinge, die Sie im Jenseits gerne tun würden. Sie können ruhig ehrgeiziger Natur sein, wie eine Zeitreise oder ein Mondbesuch. Andererseits können sie auch so einfach geartet sein wie die Analyse eines Steins, die Erkundung Ihres Hauses oder ein Spaziergang durch Ihre Straße.

Einzig wichtig ist, dass Sie ein Ziel vor Augen haben. Dies ist insbesondere von Bedeutung, weil wir oft dazu neigen, zu viel über alles nachzudenken. Wenn wir zu viel denken, machen wir uns Sorgen oder wir könnten überreagieren; infolgedessen verlieren wir unseren Fokus und kehren zum physischen Körper zurück.

Vielleicht ist es in diesem Kontext auch beruhigend zu wissen, dass Sie das Ziel, das Ihnen vorschwebt, nicht wirklich verwirklichen oder erreichen müssen. Es kann durchaus sein, dass Sie während Ihrer Erfahrung etwas anderes sehen, was Ihr Interesse weckt. Eventuell verspüren Sie in diesem Moment auch den brennenden Wunsch, etwas anderes zu tun. Ein Event oder einen Karneval zu besuchen oder eine Frage zu stellen, die Ihr gegenwärtiges physisches Leben betrifft. Im letzteren Falle können Sie diese übrigens einfach laut oder gedanklich äußern. Es kann gut sein, dass Ihnen daraufhin ein „geistiger Führer“ erscheint, der Ihnen einen Rat gibt. Alternativ können Sie aber auch vor dem Einschlafen um das Erscheinen eines solchen Führers bitten.

Was die Sprache im Astralraum betrifft, werden Sie feststellen, dass es keine Barrieren gibt. Das bedeutet nicht, dass jeder Ihre Muttersprache spricht, vielmehr gibt es eine Art universelle Autoübersetzung, die alle übermittelten Botschaften in Echtzeit perfekt interpretiert. Diese Art der Kommunikation ist unglaublich effizient. Man versteht nicht nur die Worte, sondern kann sozusagen auch hinter den Zeilen lesen. Im Grunde ist es Telepathie. Die Kunst, ohne unsere Sinnesorgane zu kommunizieren, sondern nur durch die reine Kraft der Gedankenübertragung. Wie Sie letztendlich diese Botschaften interpretieren, hängt natürlich auch von Ihrer Fähigkeit und Offenheit ab.

Wenn jemand auf dieser Ebene mit uns spricht, können sich vor unserem inneren Auge Bilder visualisieren oder wir spüren die Gefühle, die unser Gegenüber empfindet. Erfährt man diese Fähigkeit, beginnt man zu verstehen, dass diese Kraft im übertragenen Sinne auch die Funktionsweise des Hellsehens oder Hellhörens beschreibt. Hierzu fällt mir eine kleine Geschichte ein: Als ich einmal wieder nicht in meinem Körper war, beschloss ich, ein Kino auf der Astralebene zu besuchen. Ich ging hinein und setzte mich in eine der hinteren Reihen. Es waren nur wenige Menschen im Saal. Anstatt mich für das Geschehen auf der Leinwand zu interessieren, schaute ich zu einem Mann hinüber, der in einer der mittleren Reihen saß. Er verfolgte den Film gespannt. Während ich ihn so beobachtete, begann ich auf einmal die Bilder zu sehen, die in seinem Kopf herumschwirrten. Es waren Bilder aus seinem Leben. Ich sah seinen Hund, sein Haus, seine Familie – dass er Zigaretten rauchte. Während ich ihn studierte, drehte er seinen Kopf und sah mich direkt an. Ich war überrascht, stand auf und ging. Ich hatte bemerkt, dass die Menschen im Astralen im Gegensatz zum physischen Raum sehr empfänglich für Telepathie sind. So wie ich ihn lesen konnte, so konnte er mich vielleicht auch lesen? Ich weiß, dass diese telepathische Verbindung auch im physischen Raum existiert. Ich hatte im Wachleben zahlreiche Gelegenheiten, bei denen ich eine Person ansah und diese sich dann ohne physische Aufforderung zu mir umdrehte.

Ich bin mir sicher, dass auch Sie dies im physischen Leben bereits erlebt haben. Und wenn nicht, probieren Sie es aus!

Um ein amüsanteres Beispiel für Telepathie und „intuitive“ Sprache zu nennen: Ich habe mehrmals mit Katzen gesprochen.

Bei einem Ausflug befand ich mich im Haus einer Familie. Alle Familienmitglieder waren ganz aufgeregt und freuten sich über die Tatsache, dass sie neue Kätzchen bekommen hatten. Als ich jedoch einen Blick auf die anwesende „erwachsene“ Katze warf, konnte ich spüren, dass sie nicht wirklich begeistert war. Ich fragte sie, was denn los sei, und sie sagte in klarem Englisch: „Ich mag nicht, wie die Menschen sind, aber dich mag ich, du bist einfach, andere sollten auch so sein.“

Ich machte mir etwas Sorgen um die Katze und fragte sie, warum sie sich nicht darüber freute, dass die Menschen die kleinen Katzenkinder bekamen. Sie sagte: „Ich freue mich einfach nicht darüber, dass sie die Kätzchen bekommen.“ Erneut fragte ich die Katze nach dem Grund hierfür, aber sie erklärte sich mir nicht und verblieb in ihrer düsteren, ernsten Stimmung.

Bei einer anderen Gelegenheit ging ich in der Astralwelt eine Straße entlang. Da entdeckte ich plötzlich eine Katze. Es genügte nur ein Blick und ich wusste, dass sie ein Streuner war. Nicht aufgrund ihres Aussehens, sondern weil ich ganz natürlich das Leben dieser Katze erahnen konnte. Ich grüßte sie und sie erwiderte den Gruß in englischer Sprache.

Dann sagte sie zu mir: „Sieh dir die Menschen dort drüben an.“ Dabei zeigte sie auf eine Gruppe auf der anderen Straßenseite. Ich entgegnete: „Ja, was ist mit denen?“ Die Katze sprach: „Menschen sind Haustiere, und nicht wir Katzen.“ Ich fragte sie, was sie damit meinte, aber mit typisch arroganter Katzenart drehte sie mir bereits desinteressiert den Rücken zu. Daraufhin wurde mir klar, was sie meinte, und ich war sehr amüsiert darüber.

Wie viele Streuner in der Nachbarschaft hatte sie wahrscheinlich ihre eigene Sammlung von „menschlichen Haustieren“, die sie aufsuchte, um Schutz und Nahrung zu finden.

Auch wenn manche Tiere unsere Sprache sprechen, ist der Austausch über die Sprache nicht immer notwendig. Wie dieses Beispiel verdeutlicht, können die Tiere, die nicht der menschlichen Sprache mächtig sind, auf einer anderen Ebene unserer Wahrnehmung mit uns kommunizieren.

Generell kann es mitunter schwierig sein und viel Geschick erfordern, herauszufinden, auf welcher dimensionalen Ebene man gerade ist, sprich, ob man sich in einer höheren oder niedrigeren Schwingungsdimension befindet. Manchmal ist es offensichtlich, und dann wiederum eben nicht. Wir müssen hier einfach unserer eigenen Intuition folgen.

Es kommt vor, dass ich mich unter Menschen befinde, bei denen ich keinerlei Unbehagen empfinde, wenn ich mich ihnen vorstelle. Meist sind es mir unbekannte Personen, die unbewusst aus dem Schlaf projizieren, oder bereits „tote“ Menschen, die einfach Bewohner dieser Dimensionen sind. Bei anderen Gelegenheiten projizierte ich jedoch auch schon an Orte, bei denen ich sofort instinktiv das Gefühl hatte, dass ich nicht versuchen sollte, mich diesen Menschen zu nähern oder mit ihnen zu sprechen. Ich wusste sofort, dass ich dort Zeuge von etwas wurde, was in der physischen Realität stattfand, manchmal fühlte ich auch, dass eine Person sehr feindselig war. Höchstwahrscheinlich kam sie dann aus einer niedrigeren Ebene des Astralbereichs. Ein Merkmal, das darauf hinweist, ob man sich in der höheren oder niedrigeren Astralebene befindet, ist die Umgebung. Ist sie hell oder dunkel? Ist dort Tag oder Nacht? Dies ist zwar keine hundertprozentig sichere Methode, aber es ist meist ein deutliches Zeichen: Höhere Ebenen sind normalerweise heller und die niedrigeren oft dunkler.

Eine weitere Besonderheit dieser Ebenen ist, dass die nichtphysischen Gegenstücke der Tiere oft anders aussehen als in unserer vermeintlich „realen“ Welt. Als ich zum Beispiel in einem Haus in London lebte, besuchte mich in der physischen Welt oft eine Katze durch mein Fenster. Ich war schon immer von Katzen fasziniert und wollte von ihrem sichtlich meditativen, Zen-ähnlichen Zustand lernen. Wer mit einem Zen-Meister leben möchte, der sollte sich eine Katze anschaffen.

Ich beschloss, mich mit der Katze anzufreunden und sie für meine Übungen zu nutzen. Etwa eine Woche nachdem ich oft mit ihr zusammen war, kam ich aus meinem Körper heraus. Zu meiner Überraschung sah ich nicht meinen kleinen, normalen Katzenfreund, sondern einen großen schwarzen Jaguar. Ich war überrascht und hatte fast Angst. Dennoch wusste ich, dass es sich um meinen kleinen Katzen-Kameraden handelte, denn er verhielt sich genauso wie im physischen Leben. Die Art, wie er sich bewegte und spielte, und auch die Energiesignatur, die ich spürte – alles wies darauf hin.

Ein weiteres gutes Beispiel finden wir in den Vögeln: Einmal hörte ich außerhalb meines Körpers ein Klopfen an meinem Schlafzimmerfenster. Ich ging hin, um zu sehen, was da klopfte. Es war eine Krähe von der Größe eines großen Hundes, sie füllte mein ganzes Fenster aus.

Abgesehen von den Katzen und Vögeln habe ich nicht bemerkt, dass andere Tierarten ihre Gestalt wechseln. Vielleicht ist das der Grund, warum Vögel und Katzen in vielen spirituellen Kulturen verehrt werden.

Auch bei uns Menschen sind diese unterschiedlichen Erscheinungsformen im Astralraum möglich. Da wir aber eher komplizierte Wesen sind, gibt es viel mehr Dinge zu bedenken, wenn wir im Astralraum eine andere Gestalt annehmen als im physischen Raum. Eine Person kann ihr Aussehen jederzeit durch ihren Willen oder ihre Überzeugung ändern. Wir können auch mehrere Formen von uns selbst einnehmen. So könnte man unter anderem den wütenden oder den glücklichen Teil von jemandem sehen. Aufgrund dieser egozentrischen Vielschichtigkeit gestaltet sich die Thematik der Gestaltwandlung bei Menschen wesentlich komplexer als bei Tieren.

Tiere sind reiner, unschuldiger und haben nicht mit der Herausforderung des Glaubens und des Intellektualismus zu kämpfen.

So nehmen wir in der Regel unser normales, gewohntes Aussehen an, auch weil wir es durch Erwartungen und Gewohnheiten schlichtweg nicht anders kennen. Gestaltwandeln ist jedoch möglich, und genau wie beim Navigieren zu anderen Orten bedarf es hierfür nur der Absicht.

SCHRITT-FÜR-SCHRITT-METHODEN

Inzwischen habe ich deutlich gemacht, dass die beste Praxis eine intuitive und instinktive ist, die sich nicht gänzlich auf eine Schritt-für-Schritt-Methode stützt. Ich habe klargestellt, dass Astralprojektion kein Denken erfordert. Das heißt nicht, dass wir nicht darüber nachdenken oder sprechen sollen. Es ist einfach so, wie wenn man den Führerschein macht. Man hat die Theorie und die Praxis. Man kann so viel über das Autofahren theoretisieren, wie man will, sobald es ans Fahren geht, ist es am besten, den Kopf freizubekommen und sich die entsprechende Fahrpraxis anzueignen. Es ist wichtig, dass Sie sich selbstbewusst, kontrolliert und absolut sicher fühlen. Und selbst wenn dem nicht so ist, dann tun Sie einfach so, als ob Sie die vor Ihnen liegende Herausforderung ganz einfach bewältigen werden.

In diesem Sinne möchte ich Ihnen einige gängige Schritt-für-Schritt-Methoden zur Astralprojektion vorstellen, die ich zusammengestellt habe. Gegen Ende des Buches finden Sie dann eine Zusammenfassung meines eigenen, persönlichen Ansatzes.

Unterbewusste Methode durch Intention

Dies ist einer der einfachsten Wege, sich der Astralprojektion zu nähern. Gleichzeitig ist dies auch ein zentraler Aspekt jeder Methode. In den seltensten Fällen führt Sie Ihr bewusster Verstand aus Ihrem Körper, sondern Ihr Unterbewusstsein. Das heißt, es geschieht ganz natürlich und spontan, ohne dass Sie sich bewusst anstrengen müssen. Die einzige Anstrengung, die Sie unternehmen müssen, ist die Vorbereitung des Unterbewusstseins durch Affirmationen und Meditation. Die Astralprojektion kann so selbstverständlich wie jede Körperfunktion ablaufen, wie unser Atem, Herzschlag, das Wachsen von Haaren und

Nägeln oder der Gang zur Toilette. All diese Prozesse sind automatisiert, und ebenso automatisch können wir unseren Körper verlassen. Bei diesem unterbewussten Ansatz, den ich Ihnen hier vorstelle, ist es wichtig, dass Sie sich selbst vertrauen, an sich glauben und sich von der Vorstellung lösen, dass man eine systematische, logische Anleitung für die Astralprojektion braucht.

Wenn Sie schlafen gehen, dann tun Sie das einfach in der Überzeugung, dass Ihr Unterbewusstsein Sie aus dem Körper führen wird. Wie bereits mehrfach erwähnt, verlassen wir unseren Körper jede Nacht – meist allerdings unbewusst. Folglich ist das Ziel, Ihr Bewusstsein in diesen Prozess zu versetzen, während Sie schlafen. Dies kann vor, während oder nach der Trennung geschehen. Sie müssen nicht erleben, dass Sie den Körper tatsächlich verlassen. Wenn Sie nachts in den Schlaf gleiten, können Sie zu sich selbst sagen: „Ich werde aus dem Körper kommen." Tagsüber sollten Sie sich dann möglichst oft fragen: „Bin ich in der Astralebene?" – und dabei sorgfältig Ihre Umgebung analysieren. Trainieren Sie sich das an, damit Sie sich auch genau diese Frage stellen, wenn Sie sich unbewusst auf der Astralebene befinden.

Ein effektiver Weg, Ihren Willen zu festigen, ist, wenn Sie vor dem Schlaf in eine tiefe Meditation gehen und geistig folgende Worte rezitieren: „Ich werde astral projizieren." Spüren Sie dann in sich hinein und fühlen Sie Ihre Erwartung und den Wunsch, dass es geschehen wird, während Sie einschlafen. Je tiefer der Zustand ist, in dem Sie sich befinden, während Sie diese Worte sagen, desto effektiver wird er sein. Stellen Sie sich die tiefe Meditation so vor, als würden Sie ein Loch in Ihr Unterbewusstsein graben. Je tiefer Sie gehen, desto tiefer können Sie den Samen der Absicht pflanzen, damit er wächst und sich in den gewünschten Ergebnissen manifestiert.

Wake-Back-To-Bed-Methode aus dem Schlaf heraus

Ich habe festgestellt, dass es am besten ist, diese Methode nach vier bis sechs Stunden Schlaf zu praktizieren. Die Entscheidung, nach wie vielen Stunden Sie aufwachen möchten, liegt letztendlich ganz bei Ihnen. Folgen Sie Ihrem Instinkt. Sie müssen sich ausgeruht und harmonisch genug fühlen, um aufzustehen und zu üben. Gleichzeitig aber auch noch träge genug, um schnell wieder einzuschlafen. Berücksichtigen Sie dabei auch, wie viel Zeit Sie noch haben, bevor Sie dann tatsächlich am Morgen aufstehen müssen.

Wieder einzuschlafen und eine Stunde später aufzuwachen, ist keine optimale Lösung. Der Gedanke, so bald wieder aufwachen zu müssen, kann uns ablenken. Die Aktivitäten und Pflichten, die tagsüber auf uns warten, werden unser Unterbewusstsein zu sehr beschäftigen. Finden Sie stattdessen eine Zeit, in der Sie ausreichend Ruhe haben. Wenn Sie Haustiere haben, die dazu tendieren, Sie überglücklich anzuspringen, dann halten Sie diese in dieser Ruhezeit von Ihrem Zimmer fern. Sollten die Tiere allerdings nicht dazu neigen und sie ihre Anwesenheit als entspannend empfinden, ist Ihre Anwesenheit kein Problem.

Wenn Sie mitten im Schlaf aufstehen, kann es von Vorteil sein, wenn Sie sich gleich an einen anderen Ort begeben. Ich denke dabei an ein Sofa oder eine andere Liegemöglichkeit, die nur dazu dient, aus dem Körper zu kommen. Dies kann Ihrem Unterbewusstsein helfen, sich an Ihre ursprüngliche Absicht zu erinnern. Das ist jedoch nicht unbedingt notwendig. Ich persönlich habe die meisten Erfahrungen gemacht, während ich in meinem Bett neben meiner Frau schlief. Doch kann ein separater Raum, der dieser Praxis gewidmet ist, durchaus sehr sinnvoll sein.

Es spielt übrigens keine Rolle, in welcher Position Sie sich befinden. Ich persönlich konnte bereits in nahezu jeder Position meinen Körper verlassen. Ich finde jedoch, dass man sich am besten fokussieren kann, wenn man flach auf dem Rücken liegt. Sollten Sie in dieser Position nicht einschlafen können, dann wechseln Sie einfach in eine andere Stellung. Einzig wichtig ist, dass Sie entspannt sind.

Die Entspannung unserer Muskeln geht viel tiefer, als wir oft annehmen. Eine interessante Tatsache, auf die ich gestoßen bin, ist, dass einige „Relaxology"-Quellen davon ausgehen, dass unsere Kiefermuskeln sich so tief entspannen können, dass unser Kiefer die Fähigkeit hat, locker an unserem Schädel zu hängen, anstatt in seiner üblichen angespannten Haltung.

Konzentrieren Sie sich auf Ihren eigenen Kiefer und versuchen Sie, ihn auf diese Weise zu entspannen. Natürlich werden Sie diese Qualität der Entspannung nicht sofort erreichen. Bemühen Sie sich einfach, vor jeder Übung eine tiefe Entspannung in jeden Teil Ihres Körpers zu bringen.

Übung 7: Die Trennung vom Körper im Schlaf

1. Suchen Sie sich einen bequemen und ruhigen Platz zum Hinlegen.
2. Beginnen Sie damit, ein warmes, goldenes Licht zu visualisieren und zu spüren, wie es durch die Füße in den Körper eindringt. Entspannen Sie sich. Lassen Sie Ihre Füße los und gehen Sie weiter nach oben. Spüren Sie, wie dasselbe entspannende Licht jede Zelle Ihres Körpers durchdringt: Ihre Beine, die Leisten, den Magen, die Organe, Brust, Schultern, Arme, Hände, Kehle, Gesicht, Augen, Kiefer, Kopf und Ohren. Lassen Sie jeden Muskel los und geben Sie sich hin.

3. Sagen Sie sich: „Ich werde im Schlaf in einem luziden Traum (oder einer Astralprojektion) aufwachen.“ Mit dieser Affirmation *spüren Sie* tief in sich, dass Sie mitten im Schlaf aufwachen *werden.* Sie müssen sich dessen sicher sein, es erwarten und Ihrem Unterbewusstsein vertrauen, dass es Sie aufweckt. Wenn Sie daran zweifeln, wird es nicht geschehen. Nur wenn Sie fest daran glauben, wird es passieren. Sie können sich auch einfach einen Wecker stellen, aber mit etwas Übung werden Sie feststellen, dass der Vorsatz, zu bestimmten Zeiten aufzuwachen, tatsächlich funktioniert. Dies kann ein guter Weg sein, um zu verstehen, wie wir uns auch bei der Astralprojektion effektiv auf unsere eigene Intention verlassen können.
4. Schlafen Sie entspannt und gut erholt ein. Füllen Sie Ihren Geist mit Ruhe und Ihren Körper mit einem tiefen Wohlgefühl. Dann schlafen Sie friedlich wie eine Katze oder ein Baby ein. Es gibt keine Unruhe und keinen Grund, darüber nachzudenken, was als Nächstes zu tun ist. Seien Sie einfach ausgeruht.
5. Wenn Sie mitten in der Nacht aufwachen, fühlen Sie sich natürlich unkoordiniert, da Ihr Bewusstsein höchstwahrscheinlich ziellos umhergewandert ist, wie es das normalerweise während des Schlafs des physischen Körpers tut. Erinnern Sie sich daran, wo Sie sind und was Sie sich vorgenommen haben. Sie können zu einer anderen Liegemöglichkeit wechseln oder bleiben, wo Sie sind. Wichtig ist, dass Sie aufstehen und sich etwas bewegen. Halten Sie aber gleichzeitig Ihre „Schläfrigkeit“ aufrecht. Dieses Gefühl ist essenziell, damit Sie leicht wieder in den Schlaf fallen können.
6. Wenn Sie wieder ins Bett gehen, wiederholen Sie die Affirmation aus Schritt drei und führen den gleichen Entspannungsprozess durch. Anstatt jedoch einfach nur

einzuschlafen, sollten Sie diesmal versuchen, genau in dem Moment zwischen Wachsein und Schlaf bei Bewusstsein zu bleiben. Beobachten Sie dazu sich selbst, Ihren Geist, Ihre Gefühle, Ihre Schläfrigkeit und bemerken Sie, wie Ihr Körper wegdriftet. Erinnern Sie sich daran, dass Sie nicht Ihr Körper sind. Sie sind auch nicht Ihr Geist. Optional können Sie im Schlaf Folgendes wiederholen: „Geist wach, Körper schläft."

7. An der Brücke zwischen Wachsein und Schlaf, in dieser alles erdrückenden Schläfrigkeit, in der Sie so versucht sind, einfach in die Bewusstlosigkeit zu fallen, setzen Sie plötzlich eine starke Willenskraft ein, um aus Ihrem Körper aufzustehen. Es kann sein, dass Sie dadurch ein Gefühl von Schwingungen hervorrufen. Das ist ein gutes Zeichen dafür, dass Sie in Kürze in der Lage sein werden, sich in diese Empfindungen hineinzuversetzen und aus dem Körper zu kommen. Spannen Sie den physischen Körper jedoch in keiner Weise an.

Die direkte Methode durch Meditation

Dies ist die am weitesten fortgeschrittene Methode. Bei den beiden vorangehenden geht es eher darum, Ihren Verstand auszutricksen und den Moment des Schlafes auszunutzen. Diese Methode jedoch ermöglicht es Ihnen, den gesamten Prozess tiefgreifend zu verstehen. Jenseits von Beschreibungen oder intellektueller Analyse werden Sie ihn auf einer tiefen Ebene Ihres Bewusstseins *erkennen*. Sie werden jeden einzelnen Schritt begreifen und in der Lage sein, andere so zu unterrichten, wie ich es tue.

Es kann jedoch Monate, wenn nicht Jahre dauern, diese Methode zu meistern, und es ist viel besser, keine kurzfristigen Erfolge zu erwarten. Es ist ein langfristiges Ziel, dem Sie sich auf natürliche Weise nähern.

Ganz abgesehen davon, dass der Sinn der tiefen Meditation ohnehin darin besteht, kein Ziel zu haben. Es ist also sinnlos, zu meditieren, um einen Zustand der „Astralprojektion" zu erreichen. Der Zustand der Astralprojektion tritt paradoxerweise ein, ohne dass *man* es *will*, indem man unbewusste Schichten des Geistes transzendiert.

Meditieren Sie täglich in der Gewissheit, dass die Astralprojektion eines Tages passieren wird. Meditieren Sie um des Erwachens des Bewusstseins willen. Suchen Sie nicht unermüdlich nach Erfahrungen, denn das wäre kontraproduktiv im Hinblick auf den eigentlichen Sinn der Meditation, in einem losgelösten Zustand des Seins zu sein. Das ist ein Paradoxon, aber so funktioniert es.

Übung 8: Tipps für eine tägliche Meditation, die zur Astralprojektion führen kann

1. Man kann sich nicht darauf konzentrieren, aus dem Körper herauszukommen, das widerspricht dem Konzept der Meditation. Unser Ziel muss sein, über alle Wünsche, alle Sinneswahrnehmungen hinauszugehen. Der Verstand denkt, dass er etwas tun muss, um astral zu projizieren. Das Gegenteil ist der Fall. Wir müssen die Verstandesebene verlassen und in unseren räumlichen Bewusstseinszustand eintreten. Um das zu tun, gehen wir über den Verstand hinaus, indem wir ihn über längere Zeiträume beobachten. Ohne weitere Urteile oder Aufregungen hinzuzufügen, kommen wir zu der Erkenntnis, dass wir nicht unser Verstand sind und dass er ganz von selbst für sich ist. Wir erkennen, dass wir diejenigen sind, die wir beobachten. Wir sind der Beobachter der Erfahrung, nicht der Beobachtete. Wenn wir dies begreifen, können wir uns von den Begrenzungen des Verstandes und seiner Angewohnheit, zu analysieren, zu überdenken und Probleme lösen zu wollen,

befreien. Indem Sie diese Ratschläge gewissenhaft befolgen, erfahren Sie langsam, aber sicher echten Frieden. Aber das ist noch nicht alles. Wenn Sie sich in diesen Zustand vertiefen, werden Sie mit zunehmender Erfahrung in der Rolle des Beobachters erkennen, dass Sie in dem Sinne frei sind, dass Ihr Bewusstsein nicht durch Ihren Körper begrenzt ist. In diesem Sinne ist es eine natürliche Fähigkeit, den Körper verlassen zu können. Sie werden erkennen, dass Sie nie über irgendetwas nachdenken mussten, um zu projizieren – alles, was Sie tun mussten, war „loslassen".

2. Mitten in der tiefen Meditation, vor allem wenn Sie mindestens zwanzig Minuten lang praktiziert haben, werden Sie eventuell lebhafte Szenen in Ihrer Wahrnehmung sehen. Das ist ein völlig normaler Teil des Prozesses; es ist, als würden Sie Ihre Gedanken sehen, aber sie werden unbewusster. Folgen Sie ihnen einfach nicht und lassen Sie sich nicht ablenken. Sehen Sie, der Verstand versucht uns, permanent abzulenken. Sobald er merkt, dass einfache Gedanken nicht ausreichen, wird er Ihnen visuelle Szenen präsentieren. Lassen Sie sich nicht in Versuchung führen, erkennen Sie, dass das alles Tricks sind. Bleiben Sie unvoreingenommen und neutral, identifizieren Sie sich nicht mit diesen Gedanken oder Bildern. Denken Sie daran, dass es bei der Astralprojektion nicht um das Denken, die Vorstellungskraft, die Visualisierung, Ihre Träume oder gar Visionen geht. Astralprojektion ist frei von allen Vorstellungen. Sie werden das tief in sich wissen, wenn Sie es erleben.
3. Wenn Sie meditieren und über alle Formen und Objekte in Ihrem Bewusstsein hinausgehen, werden Sie in der „Stille des Nichts" zu einem bestimmten Punkt kommen, an dem Sie sich in einer anderen Realität wiederfinden. Es wird sein, wie wenn

eine Schale zerbricht, und es wird einfach geschehen. Ihre gewöhnlichen, weltlichen Wahrnehmungsbarrieren werden durch die Kraft und Stärke Ihrer spirituellen Veranlagung nachgeben. All dies kann durch Gnade oder ohne jegliches Wissen geschehen. Es kann sogar einen Moment der Bewusstlosigkeit geben, und wenn Sie sich durch die Kraft Ihrer Erfahrung zurückholen, finden Sie sich vielleicht in einer anderen Realität wieder. Abgesehen davon können Sie so auch den vibratorischen oder hypnagogischen Zustand erleben, indem Sie Ihren Körper verlassen können. Doch, wie eingangs erwähnt, sollten Sie nicht versuchen, diesen Zustand zwanghaft herbeizuführen. Auch ist es möglich, in einen bewussten „Schlaf“ zu fallen. Dies passiert, indem wir uns unserer Umgebung bewusst sind, gleichzeitig aber tritt der Körper in eine Art höheren Schlaf ein. Das erinnert ein wenig daran, wie Katzen schlafen. Aufgrund der Tatsache, dass wir dann schlafen, können wir unseren Körper ganz natürlich verlassen. Im Yoga Nidra wird die Schlafmeditation gelehrt, die darauf abzielt, einen Zustand zwischen Wachsein und Schlaf zu erreichen. Auch das Shabd Yoga führt zu außerkörperlichen Erfahrungen, indem wir „auf den inneren Klang hören“.

DIE VERSCHIEDENEN DIMENSIONEN DER ASTRALEBENE

Die Astralebene ist multidimensional, womit sich das **gesamte** Spektrum menschlicher Emotionen in diesen nichtphysischen Dimensionen widerspiegelt. Die Realität der unteren Astralebene ist hier und jetzt. Viele sehr niedrig schwingende oder depressive Menschen leben bereits in der unteren Astralebene, auch wenn sie noch einen physischen Körper haben.

Diese Dimension kann man eigentlich leicht überwinden, doch wenn man mit den Menschen spricht, die in diesen Bewusstseinszuständen leben, scheint es dann wohl doch nicht so einfach zu sein, sich daraus zu befreien.

Wir alle haben Herausforderungen, denen wir uns stellen müssen, oder selbstbegrenzende Überzeugungen, die uns in bestimmten Bewusstseinszuständen verankert halten. Viele dieser Glaubensmuster sind auf mangelndes Selbstwertgefühl, Schuldgefühle, Angst oder andere damit verbundene Emotionen zurückzuführen.

Wenn man in solch einem negativen Bewusstseinszustand verharrt und der physische Körper stirbt, wird das Leben nach dem Tod von den gleichen Mustern geprägt.

Unsere Vorstellungen von „Hölle“ und „Himmel“ beziehen sich also auf unseren Bewusstseinszustand im Hier und Jetzt – und nicht auf die Zukunft, wenn wir mit dem Tod konfrontiert sind.

So wie es ein Spektrum von niederen bis höheren menschlichen Emotionen gibt, so gibt es auch eine Bandbreite von Astraldimensionen mit niederen, mittleren und höheren Ebenen. Der mittlere Teil der Astralebene ist meist erdähnlich oder parallel zur physischen Ebene. Die höheren Ebenen spiegeln die „höheren“ und positiven Emotionen wider. Sie sind normalerweise schöne und sonnige Orte, im Gegensatz zu den dunklen Regionen der unteren Astralebene.

Jenseits der „Astralebene" finden wir die „Mentale Ebene". Diese werden wir hier nicht näher erläutern. Wenn Sie einmal geerdet sind und Ihren Weg und Ihre eigene Dynamik in der Meditation und im Astralreisen gefunden haben, werden Sie sich manchmal ganz natürlich zur Realität der Mentalebene hinbewegen. Es ist schwierig, über die Mentalebene zu sprechen, ohne sie abzuurteilen. Es ist ein Ort, der in der Regel frei von vertrauten physischen Formen ist, wie wir sie kennen, vielmehr zeichnet er sich durch eine reine Energie aus, die wir dort intensiv fühlen können.

Unsere physische Welt wird als die dritte Dimension definiert, in der wir durch Zeit und Raum begrenzt sind. Die „Astralebene" gilt als die fünfte Dimension, die sechste ist die „Mentalebene", die logischerweise jenseits der Begrenzungen der fünften Dimension liegt. Die Mentalebene ist kein Ort, an dem man sich zwischen niederen oder höheren Astralwelten entscheiden muss. Sie ist tatsächlich eine Dimension, die aus einer Art überdimensionaler energetischer Einheit aller Astralwelten resultiert.

In gewissem Sinne ist sie die Quelle aller Möglichkeiten und Realitäten und auch die all unserer Emotionen, die dort zu einer allumfassenden Intelligenz synthetisiert sind. Verständlicherweise ist sie jenseits der Dualität, jenseits von Gut und Böse.

Es gibt noch mehr Dimensionen jenseits der sechsten. Diese sind jedoch so erhaben und subtil, dass sie sich gänzlich unserem intellektuellen Verständnis entziehen. So könnten wir sie einzig mit der abstrakten Realität dessen in Verbindung bringen, was viele als „Gott" bezeichnen. Eine göttliche Intelligenz, die alles übersteigt, was wir uns jemals vorstellen können.

FURCHTLOS SEIN

Wenn Sie Angst vor der Astralprojektion haben, dann müssen Sie ihr ins Auge sehen. Seien Sie sich ihrer bewusst, akzeptieren Sie sie, aber bekämpfen Sie sie nicht. Angst zu empfinden ist ein natürlicher Teil der Auseinandersetzung mit dem Unbekannten. Doch der Angst nachzugeben oder sich von ihr überwältigen zu lassen, erhöht die Wahrscheinlichkeit, dass wir eine negative Erfahrung machen.

Angst ist, als stünde man am Rande einer Klippe und blickte in den dunklen Abgrund einer Schlucht. Wir wissen nicht, was uns am Boden erwartet, aber uns ist klar, dass wir springen müssen, wenn wir es herausfinden wollen.

Seien Sie rational und erkennen Sie, dass Angst weder sinnvoll noch nützlich ist. Schließlich kann sich Ihr Verstand nicht vorstellen, was er noch nicht erlebt hat; lassen Sie ihn also nicht abschweifen oder zweifeln. Zentrieren Sie sich, konzentrieren Sie sich, atmen Sie – und springen Sie einfach.

„Ein Mensch begegnet dem Wissen, wie er in den Krieg zieht: hellwach, mit Angst, Respekt und mit absoluter Sicherheit. Es ist ein Fehler, auf irgendeine andere Weise dem Wissen zu begegnen oder in den Krieg zu gehen. Vergiss das Selbst, und du wirst nichts fürchten, egal auf welcher Ebene oder in welchem Bewusstsein du dich befindest."

Don Juan Matus (Carlos Castaneda)

Das obige Zitat ist besonders bedeutsam, wenn Sie ein sehr rationaler, ängstlicher Mensch sind: Hören Sie auf, sich zwanghaften

Gedanken über Dinge hinzugeben, die auf Angst basieren. Ob Sie diese gelesen haben, oder weil Ihr Verstand eine Tendenz dazu hat, paranoid oder abergläubisch zu sein. Astralprojektion ist sowohl eine Wissenschaft als auch eine Kunst. Wenn wir sie erleben und begreifen, erkennen wir, dass es sich um ein völlig logisches und rationales Phänomen handelt und nicht um etwas aus dem Jenseits, was uns beängstigen muss.

Vergessen Sie sich selbst, Ihr Ego, und konzentrieren Sie sich. Machen Sie es so, wie Sie es immer tun, wenn Sie etwas im Leben erreichen wollen: Lassen Sie sich durch nichts von dem abbringen, was Sie ursprünglich vorhatten.

Negative Erfahrungen gibt es nicht

Natürlich gibt es „negative Erfahrungen“, aber sie existieren eben nur subjektiv; wenn wir objektiv sind, dann ist die Erfahrung nur „da“, und das ist alles. Es gibt nur wenige Menschen, von denen ich gehört habe, dass sie negative Erfahrungen im Astralraum gemacht haben. Wenn jemand so etwas erlebt, basiert es meist auf Fehlinterpretation oder auf einer starken Negativität, die Angst und Missverständnisse förmlich anzieht.

In der physischen Welt bewerten wir Erfahrungen oft subjektiv als positiv oder negativ, ähnlich interpretieren wir auch unsere Erfahrungen im Astralbereich. Im Astralraum ist jeder Gedanke und jede Emotion fast sofort spürbar, was bedeuten soll: Wenn Sie Angst empfinden, werden Sie Angst anziehen. Wenn Sie Freude empfinden, wird Ihnen Freude widerfahren.

Ein wesentlicher Teil des kollektiven Bewusstseins ist heute in dem zweidimensionalen Denkmodell, Gut und Böse, gefangen. Dabei wird nicht bedacht, dass beides eigentlich ein und dasselbe ist. Wenn wir unser Leben reflektieren, können wir das Böse im Guten finden wie auch das Gute im Schlechten. Trennung und Dualität sind eine Illusion.

Wer das „Böse“ negiert, leugnet auch einen Teil von sich selbst.

„Es ist das Böse, das die Anerkennung der Tugend ermöglicht. In dem Maße, in dem du das Böse in anderen verurteilst und findest, bist du dir dem Bösen in dir selbst nicht bewusst.“

Alan Watts

Das Erste, was wir tun müssen, ist zu akzeptieren, dass das Böse kein von uns getrenntes Phänomen ist; es ist ein integraler Bestandteil unseres Bewusstseins.

Tatsächlich glauben die Gnostiker, dass sich etwa 97 % unseres Bewusstseins in einem unbewussten Zustand befinden und dass die meisten von uns im Durchschnitt nur etwa 3 % bewusst sind. Das gibt uns eine Vorstellung davon, wie groß der Anteil ist, zu dem wir erwachen können. 97 % unseres Bewusstseins sind in der Dunkelheit, der Subjektivität oder dem Ego gefangen. Letztendlich unterscheidet sich dieser bedeutende Teil von uns nicht so sehr von dem, was wir als „böse“ bezeichnen. Doch interpretieren wir Erfahrungen mit diesen unbewussten Zuständen oft als beängstigend, in Wirklichkeit aber liegt das nur an unserem mangelnden Verständnis.

In der Tiefe unserer Psyche schlummern all die Geheimnisse, die uns noch nicht bewusst sind. Das Unbewusste ist der Teil von uns, den unsere kleinen Flammen des bewussten Bewusstseins noch nicht erhellt haben. Es sind die Dimensionen in uns, die am meisten Liebe, Aufmerksamkeit und Verständnis brauchen. Deshalb müssen wir unsere Einstellung zum Bösen ändern. Ohne die Dunkelheit wären wir nicht in der Lage, spirituell zu wachsen. Anderen zu helfen hilft auch uns, die Dunkelheit zu verstehen, da wir letztlich uns selbst helfen, indem wir unsere Zeit besser nutzen, anstatt uns zu sehr mit unserem Ego zu beschäftigen.

„Himmel und Hölle“ lassen sich besser als höhere oder niedrigere Dimensionen des Astralen beschreiben, oder anders ausgedrückt: als höhere und niedrigere Dimensionen des Bewusstseins.

Es gibt nicht nur „einen Himmel“ oder eine „Hölle“, sondern eine Fülle komplexer dimensionaler Ebenen dazwischen. Wer auf welcher Ebene lebt, hängt vom jeweiligen Bewusstseinsniveau ab. Höhere Dimensionen sind durchlässiger und werden weniger von negativen Emotionen beherrscht. Die Menschen hier sind in der Regel glücklicher, haben Spaß und empfinden bedingungslose Liebe und Freude. Niedrigere Dimensionen hingegen sind dichter. In den tieferen Ebenen wird man Menschen antreffen, die leiden müssen. Oft weil sie sich nicht von der Negativität lösen können oder Ärger, Bitterkeit oder Bedauern hegen.

Die Erforschung der unteren Astralreiche

Die niederen Astralwelten sind in der Tat aufschlussreiche Orte. Bewegen wir uns achtsam in ihnen, dann können wir sie durchaus besuchen und dort einige sehr weise Erfahrungen machen.

Solange Sie objektiv sind und sich diesen Ebenen mit bedingungsloser Liebe für alle fühlenden Wesen nähern, werden Sie sich dort auch sicher fühlen können. Denken Sie daran, dass Ihnen nichts Gefährliches passieren kann und dass Sie jederzeit die Möglichkeit haben, in Ihren Körper zurückzukehren, sobald Sie nur daran denken. Selbst das Überqueren einer belebten Straße ist im physischen Leben gefährlicher als eine Astralprojektion!

Während Sie sich in diesen niederen Welten aufhalten, können Sie eine leidende Seele aus ihrem Elend erlösen, indem Sie sich einfach aus Mitgefühl mit ihr unterhalten. Allein durch das Gespräch und ihre Ratschläge kann sich die äußerliche Erscheinung dieser Seele wandeln. So kann sie schöner werden und allmählich in eine höhere Dimension aufsteigen. Dies ist aber nur möglich, wenn sie durch das Gespräch mit

Ihnen zu tiefgreifenden Erkenntnissen über sich selbst kommt oder daraufhin in der Lage ist, das Negative in sich loszulassen.

Verlorene Seelen können sich nur selbst retten, aber gelegentlich können sie den richtigen Weg finden, wenn wir ihnen die Richtung weisen.

Die Gnostiker glauben, dass Dante in „Dantes Inferno" tatsächlich die Astralwelt besuchte und diese niederen Reiche erforschte. Er tat dies nicht aus Angst oder zur Unterhaltung, sondern um zu zeigen, wie diese Welten mit uns verbunden sind. Mit seinen Ausführungen über die „Neun Kreise der Hölle" gibt er einen Einblick in diese Mysterien der unteren Astralwelt.

Stellen Sie sich vor, Sie projizieren erfolgreich, aber Sie kommen in eine niedrig dimensionierte Astralwelt. Vielleicht finden Sie sich in einem höllisch aussehenden, düsteren und feindlichen Bereich wieder.

Was werden Sie dann tun? Werden Sie dies subjektiv interpretieren und aus Angst weglaufen oder objektiv bleiben in dem distanzierten und ruhigen Bewusstsein, dass Sie völlig sicher sind und Ihnen nichts Schlimmes passieren kann? Letzteres ist der Zustand, in dem Sie tief verwurzelt sein sollten.

Manchmal werden wir in diese unteren Regionen geschickt, um jemandem zu helfen oder etwas Neues zu lernen. Wenn Sie sich an solchen Orten wiederfinden, seien Sie achtsam und gehen Sie nicht gleich davon aus, dass Sie eine „dämonische" Erfahrung machen, die dem stereotypen Horrorfilm gleicht.

Manchmal berichten Menschen tatsächlich von Wesenheiten, die sie angreifen, wenn sie projizieren. In diesem Fall lautet mein Rat: Projizieren Sie vorerst nicht mehr. Mit sehr hoher Wahrscheinlichkeit ist Ihre Zeit für die Astralprojektion noch nicht gekommen. Konzentrieren Sie sich stattdessen auf Ihr physisches Leben und meditieren Sie viel und intensiv. Reinigen Sie sich, finden Sie Glück, Frieden und denken Sie positiv. Diese astralen Wesen können sich nicht von unserer

Energie ernähren, wenn sich unser Bewusstsein in einem höheren Zustand überlegener Gefühle von Liebe, Frieden und Glückseligkeit befindet! Wie bereits besprochen – seien Sie furchtlos!

„Bald wirst du dort sein, wo deine eigenen Augen die Quelle und die Ursache deines Elends sehen und dir ihre eigene Antwort auf das Geheimnis geben werden.“

Dantes Inferno

Meine Interpretation des obigen Zitats ist, dass Dante der Ansicht war, dass wir früher oder später, sei es in der Meditation, in der Astralprojektion oder nach dem Tod, die nackte Realität unserer verschiedenen Leidenswege klar sehen werden.

Damit wird uns ermöglicht, die Hintergründe zu begreifen und etwas zu ändern. Tun wir das nicht, dann werden wir weiter leiden, bis wir daraus lernen.

Deshalb müssen wir uns hier und jetzt mit unseren Problemen auseinandersetzen. Nur so können wir verhindern, dass sich Beziehungsprobleme, geschäftlicher Ärger, Krankheiten und andere negative Dinge als Teil unserer menschlichen Erfahrung manifestieren. Wenn wir mittels bewusster Astralprojektionen in höhere Dimensionen oder himmlische Gefilde vorrücken wollen, müssen wir uns diesem Aspekt besonders widmen.

Wie oben, so unten; wenn wir die objektive Realität wahrnehmen wollen, müssen wir zuerst uns selbst objektiv wahrnehmen – das beginnt mit aufrichtiger und ehrlicher Selbstreflexion.

„Wenn wir nicht an der Auflösung unseres Egos arbeiten, treffen wir Fehlentscheidungen, und diese werden sich höchstwahrscheinlich jeden Tag wiederholen. So führen Fehler zu Problemen, und diese wiederum zu Verwirrung.

Wenn man jedoch an sich selbst arbeitet, entwickelt sich alles zum Besseren, weil wir durch die Überwindung unserer Schwächen Fortschritte machen.“

Samael Aun Weor

Eine Erfahrung, die ich in der unteren Astralebene gemacht habe, hat mich sehr mitgenommen. Ich begegnete Menschen, die von ihrem Leid förmlich aufgefressen wurden, sodass sie mir wie eine Art „Zombies“ erschienen.

Aufsteigen zu einem ozeanischen Planeten

12. Januar 2021

Im Traum befand ich mich mit einer Gruppe von Freunden in einer Jazz-Bar. Es war ein unauffälliger kleiner Raum mit vielen freundlichen, entspannten Menschen, die einer Band zuhörten. Ich ging zur Bar und kaufte mir dort köstliches Wagyu-Rindfleisch, das in kleinen Häppchen auf einem Pappteller mit einem Zahnstocher als Besteck serviert wurde. Kurz darauf verließen alle die Jazz-Bar, und ich folgte ihnen, mit meinem Essen in der Hand.

Dieser Traum war an sich nichts Ungewöhnliches, bis ich schließlich die Astralebene betrat und etwas Außergewöhnliches passierte. Ich erfuhr den dramatischsten „Wechsel“ von einer niederen in eine höhere Dimension, den ich bis heute erlebt habe.

Ich folgte meinen Freunden durch die Stadt, bis ich sie irgendwann aus den Augen verlor und sie in dunklen Gassen suchte. Die Straßen schienen immer unheimlicher und trostloser zu werden. Das Gefühl der Angst rüttelte mich wach. Das passiert mir oft, wenn ich im Traum Angst verspüre. Es ist, als ob mein

Unterbewusstsein plötzlich in höchste Alarmbereitschaft versetzt wird und sich schnell auf mein Wachbewusstsein stürzt, um sich zu verteidigen.

Sobald ich bemerkte, dass es sich um einen Traum handelte, wurde ich hyperaufmerksam. Da ich nicht mehr in diesem Traum sein wollte, schickte ich mich an, ihn zu beenden und in den Astralraum zu gehen. Normalerweise warte ich einfach, bis der Traum zusammenbricht und ich in ein normales, erdähnliches Reich im Astralraum eintrete. Doch dieses Mal passierte etwas vollkommen anderes – ich trat in die unteren Regionen der Astralwelt ein.

Statt in den Straßen meines Traumes befand ich mich nun in einer verfallenen postapokalyptischen Stadt in rauchigen Schwarz- und Rottönen. Feindseligkeit und Heimtücke lagen in der Luft. Ich ging eine Straße entlang und war überhaupt nicht begeistert von dem, was ich sah. Betonbauten reihten sich aneinander. All diese Gebäude waren halb zerstört. Überall brannten kleine Feuer und die Luft war von schwarzem Rauch erfüllt. An einem pechschwarzen Himmel sah ich stromlinienförmige dunkelgraue Wolken vorbeiziehen.

Als ich um eine Ecke bog, lag vor mir ein großer offener Hof, auf dem magere, kränklich aussehende Menschen umherliefen. Sie bewegten sich sehr langsam und fast schon unheimlich – offensichtlich wussten sie nicht, wohin sie gingen. Sie wirkten wie ferngesteuert.

Spontan schoss mir durch den Kopf, dass ich immer angenommen hatte, die typischen „Zombie"-Hollywood-Inszenierungen seien nur ein übertriebenes Abbild der unteren Welten. Doch tatsächlich erinnerte dieses Setting an eine Szene aus dem Film „The Walking Dead".

Zu meiner Überraschung verspürte ich keine große Angst. Ich bin schon negativen, niederen Wesen begegnet, die viel furchteinflößender waren, und diese „Zombies" schienen geistig so schwach zu sein, dass sie keine große Bedrohung darstellten. Ich überlegte sogar, ob ich diesen Menschen, die zweifelsohne verlorene Seelen waren, irgendwie helfen könnte. Einige Augenblicke lang beobachtete ich sie in der Hoffnung, ein Anzeichen von Intelligenz zu finden, als mich einer zu bemerken schien. Sein Gesicht, seine Arme, Hände und Beine waren mit Blut, Ausschlägen und Narben übersät, und seine Haut hatte einen Grauschleier, als wäre er bis auf die Knochen krank. Seine Kleidung war zerlumpt, schmutzig und zerfetzt. Als ich in seine Augen blickte, war da kaum Leben. Ich sah seine Angst, aber an der Oberfläche brodelte ein starkes Gefühl von Wut und Niedertracht.

Was musste dieser Mensch durchgemacht haben, um in solch einem Zustand zu enden? Vielleicht waren es Jahre des Drogenmissbrauchs und der Sucht, die ihm das angetan hatten? Er sah mich einige Augenblicke lang an, worauf ich mich fragte, ob ich mit ihm reden könnte? Er machte ein paar Schritte auf mich zu, bis er plötzlich mit einem verräterischen Knurren auf mich zuzulaufen begann. Als er mir zu nahe kam, schleuderte ich, ohne nachzudenken, eine Lichtkraft auf ihn, die ihn nach hinten und hoch in die Luft schleuderte.

Ich hatte das noch nie zuvor getan; es war rein instinktiv. Ich sah zu, wie er fiel und sich wieder aufrichtete. Da ich merkte, dass ich an diesem Ort nicht viel ausrichten konnte, beschloss ich, ihn zu verlassen. Ich spürte, wie ich in den Untergrund hinabstieg, und hörte eine dämonische Stimme. Dabei bemerkte ich, dass ich in die falsche Richtung ging.

Mit reiner Willenskraft flog ich kraftvoll nach oben und sang dabei das Mantra „OM“. Ich schwebte durch die Oberfläche zurück nach oben und ließ die kranken Menschen unter mir zurück. Bei dem Gedanken, noch tiefer in diese Dimension hinabzusteigen und diese dämonische Stimme zu hören, wurde ich von einer regelrechten Panik erfasst. Sie muss mir einen unglaublich starken Energieschub gegeben haben, denn was dann passierte, haute mich förmlich um.

Als ich das Mantra „OM“ wiederholte und nach oben durch die Dimensionen aufstieg, stoppte mein Flug nicht irgendwo, wie es normalerweise der Fall war. Nein, ich beschleunigte noch mehr und spürte, wie ich in etwas eintrat, was ich nur als eine himmlische Atmosphäre beschreiben kann. Wenn man sich unsere Erdatmosphäre als den Kopf der Erde vorstellen würde, dann hatte ich das Gefühl, als würden sich mein Kopf und mein Geist ausdehnen und mein Bewusstsein mit dem Weltraum verschmelzen.

Langsam spürte ich, wie ich meine übliche Form verlor und nur noch Bewusstsein war. Ich genoss dieses Gefühl der Ausdehnung so sehr, dass ich mich selbst dazu zwang, noch schneller zu werden. Bald schien ich durch ein Wurmloch zu reisen. Ich hatte die Absicht, so weit in den Weltraum und über die Sterne hinaus zu reisen, wie ich nur konnte. Sterne, Planeten, Meteore und Weltraumwolken zogen an mir vorbei. Ich bewegte mich in halsbrecherischer Geschwindigkeit, wobei es sich auch so anfühlte, als ob Objekte an mir vorbeifliegen würden. Beim Reisen durch Wurmlöcher geht es also tatsächlich darum, die Gesetze von Raum, Zeit und Entfernung zu verbiegen, um schneller an einen Ort zu gelangen, anstatt nur im physikalischen Sinne von „A nach B“ zu gelangen.

Wie durch Geisterhand fand ich mich schließlich im Raum eines hohen Gebäudes wieder, der von hellem Licht erfüllt war. Ich schaute auf meine Hände; ich war wieder in meiner gewohnten Form. Das Zimmer, in dem ich mich befand, machte den Eindruck eines Hotels. Es war makellos sauber und alle Möbel waren weiß. Ich stand vor einem hohen und breiten bodenlangen Fenster und blickte auf die majestätische Weite eines Ozeans mit dem kristallklarsten Wasser, das ich je gesehen hatte. Am Horizont des Himmels war reines goldenes Licht zu sehen, und die Atmosphäre löste sich nach oben hin in einem leuchtenden neonblauen Farbverlauf auf. In der Mitte des Ozeans befand sich eine Insel mit einer farbenprächtigen tropischen Vegetation, die mir nicht vertraut war.

Was meine Aufmerksamkeit als Nächstes erregte, war das Meer. Mein Blick ging in die Tiefe. Unter Wasser schwammen ganze Gruppen von riesigen Meeresbewohnern. Sie erinnerten an eine Mischung aus Wal, Goldfisch und Koi zugleich.

Ich sah auch Menschen auf dem Wasser, besser gesagt Humanoide. Sie wirkten nicht wirklich menschlich, aber sie hatten eine ähnliche Körperstruktur, erschienen mir aber größer, flexibler und weniger behaart. Dazu waren sie eindeutig gute Schwimmer. Ich überlegte, ob es sich um eine Art „ozeanisch humanoide Spezies“ von einem unbekannten Planeten handelte. Ich hatte noch nie etwas von solch einer Spezies gehört und hatte offen gesagt auch kein Interesse an solchen Dingen. Und doch befand ich mich nun hier an diesem Ort.

Warum hatte mich mein Bewusstsein hierhergeführt? Leider gelang es mir nicht, einen genaueren Blick auf diese Spezies zu werfen, da ich mich zu weit oben in dem Gebäude befand. Außerdem hatte ich das Gefühl, so weit von der Erde entfernt zu sein, dass ich mir wie ein Fremder vorkam. Instinktiv hatte ich das Gefühl, mich verstecken zu müssen. Irgendwie wollte ich diesen Geschöpfen nicht zu nahe kommen. Da war eine Angst, ihre Aufmerksamkeit auf mich zu ziehen.

Andererseits sahen diese Menschen unglaublich fröhlich und freundlich aus. Einige von ihnen fuhren auf bootähnlichen Fahrzeugen. Die meisten von ihnen schwammen oder standen auf Plattformen über dem Wasser. Obwohl ich sie kaum sehen konnte, bemerkte ich, dass sie sich köstlich amüsierten. Sie sprangen ins Meer und kamen wieder heraus, fuhren mit erhobenen Armen auf Booten und schwammen mit den Meerestieren. Ich hörte ihr Jubeln und Lachen.

Ich konnte mir ein Lächeln nicht verkneifen und bewunderte sie. Es machte ihnen Spaß, mit den Tieren zu schwimmen, und sie hatten zweifellos eine enge Bindung zu ihnen. Die Freude, die sie ausstrahlten, war unbeschwert und ansteckend. Ich war so begeistert, dass ich zu ihnen fliegen und mich ihnen anschließen wollte. Ich beobachtete die gigantischen Fische, die unter Wasser schwammen, in die Luft sprangen und mit den Menschen spielten. Sie alle waren sorglos und glücklich; es war ein unglaublicher Gegensatz zu dem, was ich gerade vorher erlebt hatte.

Die Tatsache, dass ich mich in einem hotelähnlichen Gebäude befand und von Menschen umgeben war, die sich auf dem Wasser vergnügten, vermittelte mir das Gefühl, auf einem Planeten zu sein, der eine glückerfüllte Lebensweise anstrebte. Einem Ort, an dem man viele Freiheiten genoss und auch viel Freizeit hatte.

Im Vergleich zu unserer dichten Erdenwelt fühlte sich die Atmosphäre wunderbar leicht an. Neugierig sah ich mich in meinem minimalistischen, weißen Zimmer um. Ich entdeckte einen holografischen Bildschirm an der Wand, auf dem mein Standort auf einer Karte eingezeichnet war. Ich erkannte die Landschaft nicht wieder, da sie größtenteils aus Wasser bestand, was mich zu der Annahme bewegte, dass es sich wahrscheinlich um einen Wasserplaneten handelte.

Das Gefühl, auf einem anderen Planeten zu sein, wurde noch stärker, als ich den Mond am Himmel sah. Es war kein normaler Mond. Er war größer und leuchtete unglaublich kräftig, so hell wie ein Stern, es wirkte so, als ob Sonnenstrahlen aus ihm heraus leuchteten. Ich war verblüfft, und während ich den Mond anstarrte und überlegte, wie er so hell sein konnte, begann ich, mich auf einmal unausgeglichen zu fühlen.

Zu diesem Zeitpunkt spürte ich, dass jemand mit mir im Raum war. Eine weibliche Stimme erzählte mir von dem Ort, an dem ich mich befand. Ich konnte nicht sehen, wie die Frau aussah, aber ich sagte ihr, dass ich gehen müsse, da ich an Energie verlor. Ich spürte dann, wie sie mich anlächelte; und fühlte Liebe. Ich ließ los.

Mein Bewusstsein glitt anmutig in meinen Körper zurück und ich fühlte wieder meine physische Präsenz. Ich bewegte mich nicht und öffnete auch nicht die Augen. Sofort versuchte ich mich an die gesamte Erfahrung zu erinnern. Während ich das tat, hatte ich das tiefe Gefühl, dass ich schon einmal auf diesem Planeten gewesen war. Ich kannte die Frau, die mit mir im Raum war, vielleicht von einem früheren Leben, ich bin mir nicht sicher. Eventuell war dies auch der Grund, warum ich ausgerechnet in diese Dimension ging. Ich kann es mir nur so erklären, dass die unteren Regionen des Astralraums mir einen solchen

Schock verpasst hatten, dass ein Teil von mir als Ausgleich an einen vertrauten Ort mit glücklichen Erinnerungen wollte.

Was mich am meisten erstaunte, war der Mond, der wie ein Stern schien. Ich dachte ernsthaft darüber nach, ob ich mich in einer dreidimensionalen Welt befand oder nicht. Ich bin mir nicht sicher, ob es wissenschaftlich möglich ist, dass ein Mond so hell leuchten kann. Vielleicht war der Planet nicht weit vom Mond entfernt, sodass dieser stärker reflektiert wurde, oder ich befand mich in einer viel höheren Ebene, als ich dachte, wo solche Dinge möglich sind. Ich musste an einige esoterische Texte denken, die ich gelesen hatte, und die darauf hinweisen, dass sowohl der Mond als auch das Wasser für Emotionen stehen. Das wiederum könnte dann darauf hindeuten, dass die Spezies, die ich gesehen hatte, hochgradig emotionale Geister auf Wasserbasis waren.

In jedem Fall verdeutlicht dieses Beispiel, welch interessante Erfahrungen wir auf der unteren Astralebene machen können. Überdies lehrt es uns, dass wir statt aus Angst zu handeln, in aller Ruhe zu den tieferen Ebenen der Realität vordringen können.

FAZIT: ES GIBT NICHT NUR EINE METHODE

Die ultimative Methode besteht nicht darin, einer Methode zu folgen, die sich an einer strategischen Vorgehensweise orientiert. Vielmehr ist es eine ganz natürliche Methode, die uns darin schult, auf unsere Intuition und unseren Instinkt zu vertrauen, um uns in einen Bewusstseinszustand zu versetzen, der ideal für die Astralprojektion ist.

Das heißt, dass man auf natürliche Weise die nötige Bereitschaft und Empfänglichkeit mitbringt, um sich aller Phänomene bewusst zu werden, die sich einem in den Schlafphasen präsentieren.

Warum es keine allgemeingültige Methode gibt?

Nun, wenn es eine gäbe, wären wir doch schon viel öfter mit dem Thema außerkörperliche Erfahrung konfrontiert worden. Die Welt wäre erfüllt von solchen Phänomenen, nicht wahr?

Letztlich ist die Astralprojektion aber eine Praxis, die so individuell ist wie wir selbst. Sie nimmt viel Zeit in Anspruch und die eigenen Methoden müssen immer wieder verfeinert werden. Man muss sich anstrengen, erst dann wird man die Früchte seiner Arbeit ernten.

Warum die Astralprojektion an sich ein absolut natürlicher Vorgang ist, habe ich inzwischen in aller Ausführlichkeit behandelt. Sie ist ein Teil unseres *Wesens*. Sie wissen bereits, wie sie funktioniert, und müssen es nur für sich selbst wiederentdecken, und wenn Sie das getan haben, wird sich vieles selbst erklären. Ich werde den zahllosen Techniken nicht viel hinzufügen; wenn Sie einer folgen möchten, dann tun Sie es. Der Zweck dieses Buches ist es, Sie in Ihren fundierten und langfristigen Bemühungen zu unterstützen, die Sie durch Kontemplation und Intuition erreichen.

Beziehen Sie Ihr Herz immer in Ihre Entscheidungen mit ein. Lassen Sie es die Basis Ihrer Herangehensweise und Ihres Verständnisses sein, und nehmen Sie zur Kenntnis, dass Sie diese „Anleitung“ bald nicht mehr brauchen werden. Im Prinzip können Sie sie wie die Stützen an einem Fahrrad betrachten, eines Tages werden Sie wissen, wie man ohne sie fährt.

Vor allem denjenigen, die ihr Vertrauen in „vielversprechende“ Schritt-für-Schritt-Methoden gesetzt haben, aber bislang immer enttäuscht wurden, möchte ich sagen: All diese stoischen Techniken können dazu führen, dass wir zu viel nachdenken und uns zu viel erwarten, und das steht dem natürlichen Fluss der Dinge oft im Wege. Stress ist ein Bewusstseinszustand, den wir bei der Astralprojektion unbedingt vermeiden sollten. Für Astralreisen benötigen wir einen Zustand der Entspannung und eine inspirierende Stimmung.

Erinnern Sie sich: Die Astralprojektion ist gleichbedeutend mit dem Erwachen des Bewusstseins. Dieses Erwachen ist wiederum sinngleich mit dem Tod und der Transzendenz des Egos. Die Transzendenz des Egos steht sinnverwandt für das intensive Verweilen im ewigen Reich des gegenwärtigen Augenblicks. Und das Verweilen in der Gegenwart bedeutet gleichsam einen direkten Zugang zum schöpferischen Reich und der spontanen Energie, die für die Astralprojektion wesentlich ist. Dies alles ist zugleich kongruent mit Selbstheilung und Selbsterkenntnis. Darin besteht der Weg.

Es ist wichtig zu begreifen, dass die Menschheit mit einigen wenigen Ausnahmen mit einem schlafenden Bewusstsein lebt. Wir Menschen arbeiten sozusagen schlafend. Wir gehen schlafend durch die Straßen, leben und sterben schlafend. Wenn wir sehen und verstehen, dass die ganze Welt im Schlaf lebt, auch wir selbst, begreifen wir die Notwendigkeit des Erwachens.

Wir müssen unser Bewusstsein erwecken und dieses Erwachen auch wirklich wollen.

Wir schlafen und träumen von Augenblick zu Augenblick. Schauen Sie sich aufmerksam im Raum um und sehen Sie genau hin. Wo befinden Sie sich gerade? Träumen Sie? Konzentrieren Sie sich auf das, was Sie sehen, und stellen Sie sich diese Frage.

Wir müssen verlernen, was wir von der Gesellschaft, den Eltern, Freunden und Schulen vermittelt bekommen haben.

Befreien Sie Ihren Verstand von allen Lehren, reinigen Sie Ihre Wahrnehmung und lernen Sie, wirklich zu sehen. Ganz ohne den wertenden Verstand, ohne Etiketten, ohne all unsere Filter, die Beurteilungen und Interpretationen. Verbinden Sie sich mit der Wurzel Ihrer innersten und reinsten Natur.

Wie können Sie erwarten, das spirituelle Astralreich zu sehen oder zu erleben, wenn Sie in Ihrem täglichen Leben tagträumen? Wer am Tag wach ist, wird auch in der Nacht wach sein. Wie oben, so unten.

Meine persönliche Botschaft an alle, die diese Realität des Astralen in ihrer wahrhaftigen Tiefe erfahren wollen, ist: Arbeiten Sie wirklich jeden Tag am Erwachen Ihres Bewusstseins. Nicht nur für sich selbst, sondern auch für andere. Auf diese Weise arbeiten Sie an Ihrer *Menschwerdung,* und was gibt es für eine bessere Art zu leben? Bei der Astralprojektion geht es darum, selbstbestimmt zu leben und sich zu verwirklichen, im Prinzip ist es eine transzendentale und freudige Lebensweise.

Im Astralen gibt es Gesetze, genau wie im Physischen.

Nehmen wir an, Sie stehen unter dem Einfluss eines bestimmten Egos, vielleicht sind Sie immer wütend. In diesem Fall wird Ihr psychischer Zustand Ihnen nicht erlauben, bestimmte friedliche Orte im Astralraum zu betreten, eventuell werden Ihnen auch nicht so viele Geistführer antworten. Dies ist nur ein Beispiel für solch ein Gesetz. Alles wird vom Karma bestimmt: Jeder Zustand des Seins hat eine Konsequenz.

Ein anderes Beispiel: Wenn ein lüsterner Mensch eine attraktive Frau oder einen attraktiven Mann sieht, dann jagt er dieser Person vielleicht aus einem Impuls heraus im Astralraum hinterher. Als Folge verliert er seine Klarheit und sein Bewusstsein. Warum das so ist? Weil er die Kontrolle verloren hat und stattdessen von seinen Impulsen kontrolliert wird. Deshalb müssen wir uns darin üben, achtsam, selbstbeherrscht und selbstkritisch zu sein.

Die in diesem Buch dargelegten Prinzipien stellen also nicht unbedingt eine direkte Technik zur Astralprojektion dar. Dennoch verspreche ich Ihnen, dass es die einzig sinnvolle Art und Weise ist, sich ihr zu nähern. Wenn Sie an sich arbeiten, werden Sie irgendwann außerkörperliche Erfahrungen erleben, die naturgemäß lang und tiefgreifend sind. Die wahre Kunst und Praxis der Astralprojektion ist, dass sie Ihnen aus Gnade zuteilwird, wenn Sie echte humanitäre Hilfe leisten oder viel Arbeit investieren – und nicht, indem Sie als neugieriger Mensch halbherzig ein simples Schritt-für-Schritt-Experiment durchführen.

Die Astralprojektion ist eine direkte Erfahrung der Seele, und deshalb sollte sie auch als das geehrt werden!

Nehmen Sie sich täglich mindestens zehn Minuten Zeit für eine Meditation des Loslassens, der Entspannung und der Hingabe, bevor Sie mit der Astralprojektion beginnen. Addieren Sie weitere zehn Minuten, wenn Sie einen schwierigen Tag hatten. Hinterfragen und begreifen Sie jedes Ego, das Sie identifizieren können, sei es Ärger, Faulheit, Depression, Angst usw. Analysieren Sie auch die Geschichten, die Sie sich selbst erzählen, sprechen Sie dabei nicht mit sich selbst. Sie brauchen nur stilles Gewahrsein; die lautlose Weisheit des Herzens wird Sie leiten.

Lernen Sie, auf diese stille innere Intelligenz zu hören. Sie werden spüren, ob die Geschichten, die Sie sich erzählen, nötig sind oder nicht. Wenn nicht, dann lassen Sie sie los.

Lassen Sie alle selbstbegrenzenden Überzeugungen los, die Ihnen suggerieren, dass Sie nur mit bestimmten Methoden astral projizieren können. Jeder Experte auf diesem Gebiet weiß, dass die Projektion ganz natürlich und spontan geschehen kann, sogar wenn man ohne jegliche Absicht einschläft.

Ein Zustand tiefer Entspannung ist dabei unerlässlich; wenn Sie sich selbst verleugnen und an ihrem Ego arbeiten, kann das Spannungen oder Stress verursachen.

Es ist wie bei einem Küken, das versucht, aus der Schale herauszubrechen, oder der Raupe, die sich in einen Schmetterling verwandelt. Es bedarf bewusster Anstrengung und inneren Wachstums, um zu diesem blühenden Stadium der nichtphysischen Erfahrung zu gelangen. Gehen Sie deshalb sanft und behutsam mit sich um. Es gibt keinen Grund, sich zu überfordern.

Unser Verstand wurde darauf konditioniert, Handbüchern und Leitfäden zu folgen. Nur selten lehrt uns die Gesellschaft, unseren Gefühlen, unserer Intuition, unserem Herzen, unserer Kreativität, unserem Gewissen oder der Inspiration zu folgen.

Sagen Sie sich jede Nacht, dass Sie astral projizieren und/oder in Ihren Träumen luzide werden.

Wachen Sie mindestens einmal mitten in der Nacht auf, um Ihre Vorsätze neu zu fassen und wieder einzuschlafen.

Erinnern Sie sich jeden Morgen an Ihre Erfahrungen.

Selbst wenn Sie sich nur an die drei oben genannten Punkte halten, werden Sie bereits Erfolge erzielen.

Das Problem ist, dass vielen Menschen die nötige Willenskraft fehlt, sie umzusetzen. An manchen Tagen mögen Sie sich vielleicht sagen: „Ich weiß einfach nicht, was ich als Nächstes tun soll.“ Machen Sie sich keine Gedanken und lassen Sie sich nicht beirren, der Verstand ist immer auf der Suche nach dem, was er als Nächstes tun soll. Dennoch sollte der Verstand bei der Astralprojektion nicht wirklich Einfluss nehmen. Astralprojektion ist ein Zustand der Hingabe, des Loslassens, der buchstäblichen Loslösung vom Verstand. *Fühlen Sie*, dass Sie bereits alles haben, was Sie brauchen, und es wird Ihnen gegeben werden.

Natürlich gibt es auch das Phänomen der „Schlafparalyse". Ich bin nicht näher darauf eingegangen, weil man es weder erleben noch herbeiführen muss. Wenn Sie sich jedoch tatsächlich in einer Schlaflähmung befinden sollten, werden Sie mit ziemlicher Sicherheit in der Lage sein, einfach aus Ihrem Körper „aufzustehen". Das erfordert kein Denken, tun Sie es einfach. Es ist normalerweise viel einfacher, den Körper in diesem Zustand zu verlassen, weil der physische Körper gelähmt ist und das Bewusstsein frei umherwandern kann. Jedenfalls solange es nicht mit dem Glauben belastet ist, dass es an den physischen Körper gebunden sein muss. Manche Menschen bleiben in diesem Zustand stecken, weil sie Angst empfinden. Doch wenn sie aufhören, sich der Angst hinzugeben, begreifen sie, dass sie einfach ihren *Willen* benutzen können, um sich vom physischen Körper zu trennen.

Vielleicht entwickeln Sie ein Gefühl der Langeweile, während Sie versuchen, astral zu projizieren oder zu meditieren. In diesem Fall müssen Sie sich nur dieser Langeweile selbst bewusst werden, identifizieren Sie sich nicht mit ihr, lösen Sie sich von ihr. Seien Sie sich bewusst und akzeptieren Sie jeden Zustand, in dem Sie sich befinden. Was wir akzeptieren, das überwinden wir auch. Auf diese Weise transzendieren wir jeden Zustand und rücken weiter vor in die tieferen Ebenen der Realität.

Die ultimative Methode zur Astralprojektion ist die spirituelle. Sie mag nicht die schnellste sein, aber sie ist die mächtigste und auch die einzige, die sich jetzt und auch nach dem Tod wirklich auszahlt.

Nach all meinen Ausführungen möchte ich Ihnen nun eine Schritt-für-Schritt-Methode vorstellen, die ganz intuitiv zum Erfolg führen kann. In vereinfachter Form könnte man sie auch als eine Zusammenfassung meines eigenen Ansatzes zur Astralprojektion bezeichnen. Ich hoffe sehr, Sie halten sie für hilfreich:

1. Seien Sie interessiert und engagiert. Lesen Sie Bücher, meditieren Sie, sehen Sie sich Videos über Astralprojektion an, studieren Sie sie und denken Sie in Ihrer Freizeit darüber nach.
2. Hinterfragen Sie Ihre Realität, so oft Sie nur können. Fragen Sie sich den ganzen Tag über: „Bin ich im Astralraum?" Machen Sie Realitätschecks, um das zu bestätigen. Mein Lieblingscheck ist folgender: Halten Sie sich die Nase zu und versuchen Sie, durch sie zu atmen; wenn Sie das nicht können, dann sind Sie im Physischen. Wenn Sie es können, befinden Sie sich in einem Traum. Sollten Sie sich in einem Traum befinden, versuchen Sie zu fliegen oder zu fallen, um Schwingungen zu erzeugen, mittels derer Sie in die Astralebene eindringen. So wie ich es in Übung 5 beschrieben habe.
3. Nehmen Sie sich vor dem Schlafengehen vor, mitten in der Nacht aufzuwachen, oder stellen Sie sich einen Wecker, damit Sie nach vier oder sechs Stunden Schlaf wieder aufstehen und einschlafen können. Dies dient als zweiter Versuch und gibt Ihrem Bewusstsein einen Push, um Ihren REM-Zyklus zu verlängern. Wenn Sie im Schlaf aufwachen, gehen Sie einfach ein wenig spazieren oder meditieren Sie und bleiben Sie schläfrig, sodass Sie leicht wieder einschlafen können.
4. Wenn Sie einschlafen, oder mitten in der Nacht aufwachen, sagen Sie sich Affirmationen wie: „Ich werde astral projizieren", „Ich werde bei Bewusstsein sein, während mein

physischer Körper schläft“, „Ich werde genau dorthin reisen, wohin ich will.“ Sie müssen diese Affirmationen EMOTIONAL fühlen, sie in Ihrem Körper spüren, Sie müssen sie sich wünschen, sich danach sehnen, es WOLLEN. Sprechen Sie nicht roboterhaft; glauben Sie jedes einzelne Wort von ganzem Herzen, als ob Sie beten würden.

5. Alternativ können Sie auch Mantras rezitieren. Mein gnostischer Lehrer hat mir diese beiden Mantras beigebracht, mit denen ich viel Erfolg hatte: „FA RA ON“ und „LA RA S“. Wiegen Sie sich mit einem dieser Mantras in den Schlaf. Ohne zu wissen, wie, werden Sie sich spontan in der Astralebene wiederfinden, während Sie schlafen. Sie werden so ausgesprochen, getrennt durch einen Atemzug zwischen den einzelnen Silben: „FFFFAAAA…RRRRAAAA...OOOONNNN“ und „LLLLAAAA...RRRRAAAA...SSSSS“.
6. Entweder beim Einschlafen oder mitten im Schlaf werden Sie vielleicht Schwingungen spüren. Das ist kein Grund, in Aufregung oder gar Panik zu geraten. Seien Sie wie ein Zen-Mönch; lassen Sie sich treiben, denken Sie an Ihr Ziel. Sie werden schließlich in der Lage sein, sich einfach aus Ihrem Körper herauszuwinden, einfach aufzustehen, zu schweben.
7. Sobald Sie außerhalb des Körpers sind, gelten folgende Regeln: Denken Sie NICHT zu viel nach, bleiben Sie im Zustand des Zen-Mönchs und gehen Sie einfach aus dem Haus; das ist Ihre Aufgabe. Führen Sie Ihren Willen, Ihren Wunsch aus. Erreichen Sie, was Sie sich vorgenommen haben. Sollten Sie keine konkrete Intention gehabt haben, gehen Sie einfach nur spazieren. Erkunden Sie Ihre Umgebung und schätzen Sie sie; denn die visuelle Wertschätzung hält Sie geerdet. Die Astralebene ist die VISION des LICHTS. Ihr drittes Auge ist in

diesen Momenten in unterschiedlichem Maße aktiv, nehmen Sie die Umgebung visuell und peripher wahr. Vergessen Sie nicht, zu atmen und ruhig zu bleiben. Genießen Sie Ihre Erfahrung.

8. Wenn Sie aufwachen, bewegen Sie sich nicht und spielen Sie die gesamte Erfahrung in Ihrem Gedächtnis detailliert durch. Notieren Sie im Anschluss alles oder nehmen Sie es als Sprachnotiz auf. Wenn Sie keine Astralprojektion gemacht haben, dann zeichnen Sie trotzdem all Ihre Träume auf, egal wie unbedeutend Sie Ihnen erscheinen mögen. Mit jedem Traum und jedem Detail, an das Sie sich erinnern können, verstärken Sie Ihre Verbindung zur nichtphysischen Dimension und die Erinnerung daran. Dies erhöht Ihre Chancen auf eine Astralprojektion in der Zukunft drastisch.
9. Denken Sie vor allem an eines: Auch wenn Sie keine Erlebnisse haben, ist das vollkommen in Ordnung! Jeder Versuch ist ein Fortschritt, ob auf bewusster oder unbewusster Ebene. Ihr Unterbewusstsein lernt, egal was passiert, ob Sie Erfolg haben oder nicht. Sie müssen geduldig sein, das ist entscheidend. Wir schlafen jeden Tag, das heißt, Sie haben jeden Tag Zeit zum Üben. Die durchschnittliche Lebenserwartung liegt bei 70+ Jahren.70 Jahre haben 25.550 Tage, also haben Sie mindestens 25.550 Versuche. Jede Nacht, in der Sie nicht versuchen, bewusst zu projizieren, ist eine vergeudete Nacht. Was sollten Sie auch sonst tun, wenn Sie schlafen gehen? Nichts. Also können Sie genauso gut Ihren Körper verlassen und Ihre Zeit sinnvoll nutzen. Wenn Sie wirklich geduldig sind und daran glauben, dass Sie irgendwann eine Astralreise machen werden, garantiere ich Ihnen, dass es passieren wird.

Sollten Sie sich fragen, wie lange es dauern wird, bis Sie den außerkörperlichen Zustand erreichen, dann ist es gut, Folgendes zu wissen: Es geht weniger darum, wie schnell es geschehen kann, als vielmehr darum, die Fähigkeit zu entwickeln, eine Bewusstseinsebene zu erreichen, auf der die Astralprojektion ganz natürlich verläuft. Außerdem stellt man in diesem Zustand kaum Fragen, denn dies würde implizieren, dass man versucht, einen bestimmten Zustand zu erreichen. Der astral Projizierende erlangt diesen Zustand aber nur, indem er ihn nicht zwanghaft anstrebt, sondern ihn zulässt und akzeptiert.

Da wir in der Regel alle unendlich einzigartig sind, ist es sinnvoll zu wissen, dass es keine definitive Zeitspanne gibt, in der man die Astralprojektion erreichen kann. Wann es passiert, hängt ganz von der individuellen Person ab. Der entscheidende Punkt ist, dass die Astralprojektion nichts ist, worüber man sich Sorgen machen oder nachdenken muss. Alles, was Sie tun müssen, ist zu üben. Dann werden Sie sich bald in Bewusstseinszuständen befinden, in denen sich Ihr Verstand nicht mehr mit der Zeitfrage beschäftigt, also bleiben Sie in dieser Geisteshaltung und warten Sie einfach darauf, bis sich Ihre Erfahrung entfaltet.

DAS POTENZIAL DER SEXUELLEN ENERGIE

Es ist auch wichtig, über die natürliche Kraft der sexuellen Energie zu sprechen, denn viele Menschen haben einfach nicht genug Energie, um das Bewusstsein während außerkörperlicher Erfahrungen aufrechtzuerhalten. Außerdem kann diese Art von Energie nicht einfach ignoriert werden; sie ist schließlich ein Teil unserer Natur. Die Sexualität kann eine großartige Energiequelle sein. Viele von uns haben nicht einmal genug Energie, um die Aufmerksamkeit während des Wachlebens aufrechtzuerhalten, geschweige denn im Schlaf. Hier kann es von Vorteil sein, sich die sexuelle Energie zunutze zu machen.

So wie der Mensch mit seiner mikrokosmischen Welt durch Sex geboren wird, so entsteht auch das makrokosmische Universum durch Sex. In dieser Energie liegt Macht, aber wir übersehen oft ihr Potenzial, weil wir diese Energie nur mit dem menschlichen Sexualakt verbinden.

Diese Energie dient jedoch nicht nur der Fortpflanzung, sie durchdringt die gesamte Schöpfung. Sie hat nicht nur das Potenzial, rein äußerlich eine ganze Person zu erschaffen, sondern sie kann uns auch die Kraft geben, unser inneres Selbst neu zu gestalten.

Sie *kann* also ein Werkzeug für die persönliche Transformation sein.

Ich sage nicht, dass Sex schlecht oder negativ ist; nein, er ist ein natürlicher und heiliger Teil unserer Natur, den wir am besten aus dem Gefühl der Liebe heraus genießen.

Richtet sich diese Energie jedoch nur auf körperlichen Sex, Lust und Begierde, entzieht das Unbewusstsein dieses Impulses uns wertvolle Energie. Wenn wir die sexuelle Energie jedoch nicht übermäßig auf diese Weise einsetzen, können wir sie stattdessen in andere kreative Bereiche lenken und umwandeln. In puncto Astralprojektion kann sie unsere Absicht und Willenskraft stärken sowie unseren Fokus und damit auch unser Gedächtnis in nichtphysischen Zuständen verbessern. Neben unserem Intellekt, unseren Instinkten und Emotionen ist die sexuelle Energie ein mächtiges Werkzeug, das häufig unterschätzt, missverstanden und missbraucht wird. Wenn wir sie in der richtigen Weise für uns nutzen, kann sie eine klärende und verjüngende Wirkung haben.

In unserem Fall geht es aber darum, dass wir unser sexuelles Potenzial dafür nutzen, um neue Energiereserven zu bilden. Die meisten Menschen haben einfach nicht genug Power, um sich selbst zu verwirklichen. Sie sind oft müde, und es gibt endlos viele Produkte, die Abhilfe versprechen. Sobald wir uns darauf fokussieren, unsere Gedankenflut, die Gefühle und sexuellen Wünsche in den Griff zu bekommen, sparen wir automatisch Energie. Diese neu gewonnene Energiequelle können wir dann für die Dinge einsetzen, die wir im Leben manifestieren wollen – sprich für unsere spirituelle Verwirklichung und die Astralprojektion.

„Ein Krieger hat nichts auf der Welt außer seiner Untadeligkeit. Tadellosigkeit wird definiert als perfekt sein oder keine Fehler haben; unfähig, etwas falsch zu machen. Im Sinne des [spirituellen] Kriegers bedeutet Tadellosigkeit jedoch, Energie zu sparen oder zu bewahren. Es geht nicht um eine moralische Haltung, sondern um das sinnvolle Einsetzen von Energie. Wenn wir Energie gespart haben, macht uns das tadellos. Um das zu verstehen, müssen wir selbst genug Energie sparen."

Don Juan Matus (Carlos Castaneda)

Wenn Sie glauben, dass es schwierig ist, Ihre Gedanken zu kontrollieren, versuchen Sie erst, Ihre Gefühle in den Griff zu bekommen. Haben Sie das Gefühl, dass es schwierig ist, Ihre Gefühle zu kontrollieren, dann versuchen Sie, Ihre sexuellen Impulse zu steuern. Wenn Sie diese beherrschen, fällt Ihnen die Kontrolle über alles andere leichter. Wichtig dabei ist jedoch zu beachten, dass Männer und Frauen in der Regel unterschiedlich veranlagt sind. Dies ist ein Thema für sich. Ich werde Ihnen einige Bücher empfehlen, wenn Sie daran interessiert sind.

In diesem letzten Abschnitt des Buches geht es also einfach darum, Ihnen bewusst zu machen, dass auch der sexuelle Teil von uns etwas ist, was Sie in Bezug auf die Praxis der Astralprojektion berücksichtigen sollten, nicht nur die Gedanken und Gefühle.

Wir können sexuelle Energie speichern und sie uns dann durch Atemübungen, sogenannte „Pranayama", die oft von Yogis gelehrt werden, wie beim „Brahmacharya", zunutze machen.

Wenn wir es schaffen, uns einen Teil unserer sexuellen Energie über einen langen Zeitraum zu bewahren, erleben wir einen massiven Anstieg unseres Energieniveaus. Wir werden zu energiegeladenen Wesen, was letztendlich auch unserem Energiekörper oder Astralkörper mehr Kraft verleiht. Ferner wirkt sich diese Power auch in unserem physischen Leben aus. Wir haben automatisch mehr Energie, um uns Familie, Job, Haushalt und Freizeit zu widmen. UND vor allem auch dafür astral zu projizieren. Soll alles auch noch am selben Tag passieren – benötigen wir sehr viel Energie.

Sie sehen, das spirituelle Prinzip kann die Qualität unseres Lebens immens beeinflussen.

Natürlich trifft dies nicht auf jeden zu. Manche Menschen sind von Natur aus sexuell abstinent. Ich weiß, dass es andere gibt, die durch die Anwendung dieses Prinzips ihre Lebensqualität und auch ihre Chancen auf Astralprojektion um das Zehnfache erhöhen konnten.

Im Prinzip geht es darum, sexuelle Energie in kreative umzuwandeln. Das nennt man Transmutation. Dabei geht es in keiner Form um Unterdrückung. Wir wollen die Sexualität feiern und ehren, nicht leugnen.

In okkulten Begriffen der Alchemie wird der sexuelle Akt als die Umwandlung von Blei in Gold bezeichnet.

Es empfiehlt sich, die sexuelle Transmutation mit täglicher Meditation und Pranayama-Atemübungen zu kombinieren. Pranayama hilft der Energie, durch unseren Körper zu zirkulieren, denn wenn wir sie einfach zurückhalten, kann sie sich stauen, stagnieren oder uns nachts wach halten. Die Energie ist dann zu stark, wir haben schlichtweg zu viel von ihr, um damit zu arbeiten. Sie muss erst produktiv eingesetzt werden.

Diese Energieform ist dasselbe wie „Kundalini"; unsere ursprüngliche und vitale Grundenergie. Normalerweise fließt diese Energie nach unten und außen. Mit etwas Übung kann sie jedoch auch nach innen und oben fließen, die Wirbelsäule hinaufsteigen und unser Gehirn und Herz erleuchten und heilen. Ich werde Ihnen die entsprechende Literatur empfehlen, die ausgezeichnete Übungen hierzu enthält. Es gibt auch andere Atemübungen, die „Feueratem" genannt werden und dem gleichen Zweck dienen. Generell ist es immer sinnvoll, diese Atemübungen mit Meditation zu kombinieren. Wenn Sie sich zum Beispiel für eine formale Übung entscheiden, können Sie dies in der Reihenfolge Entspannung, Pranayama und Meditation tun.

Dieser Rat liegt mir ganz besonders am Herzen: Egal welche spirituelle Methode Sie bevorzugen, tun Sie es mit Freude. Die Tatsache, dass Sie dieses Buch gelesen haben, zeigt, dass Sie höchstwahrscheinlich bereits damit begonnen haben, Ihr eigenes Bewusstsein zu erwecken. Sobald der Prozess des Erwachens in Gang gesetzt wird, fließen Verständnis und Weisheit ganz natürlich in Ihre spirituelle Arbeit und verbinden sich mit den Erfahrungen der Astralprojektion.

Dieser spirituelle Weg ist äußerst anspruchsvoll, seien Sie deshalb nicht zu hart zu sich selbst. Es ist ein transzendentaler und von Freude erfüllter Weg, der in unerforschte Gebiete des Bewusstseins führt, die dem Großteil der Menschheit unbekannt sind. Es liegt an Menschen wie uns, diese neuen Paradigmen gemeinsam voranzutreiben und uns gegenseitig dabei zu helfen, die Schwingung unserer Mitmenschen zu erhöhen.

Möge die subtile Präsenz des Bewusstseins euren Weg in Kraft, Harmonie und Liebe leiten.

„Wenn man in etwas erfolgreich sein will, muss der Erfolg ganz allmählich kommen, verbunden mit großer Anstrengung, aber frei von Stress oder Besessenheit."

Don Juan Matus (Carlos Castaneda)

Der Autor

Gene Hart hatte als Kind erste Erfahrungen mit außerkörperlichen Zuständen. Seitdem erforscht er Astralprojektionen und das damit verbundene erweiterte Bewusstsein. Er verzichtet auf sein Honorar an diesem Buch und spendet sozialen Einrichtungen den gesamten Erlös. Gene Hart postet viel auf YouTube und hat unendlich viele Follower.

KONTAKT

„Vielen Dank fürs Lesen! Ich hoffe, dass Ihnen dieses Buch gefallen hat und es hilfreich auf Ihrem Weg sein wird. Nachdem ich es geschrieben hatte, habe ich auch einen YouTube-Kanal eingerichtet, auf dem ich die Astralprojektion kostenlos lehre. Der Kanal heißt Astral Doorway. Ich werde dort auch meine zukünftigen Erfahrungen teilen und beschreiben.

www.youtube.com/c/AstralDoorway

Gerne beantworte ich persönliche oder auch gezielte Fragen zu diesem Buch. Schicken Sie mir einfach eine E-Mail.

gene.hart@hotmail.com

Ich freue mich auch immer über Likes und Kommentare zu meinen Videos und melde mich bei Fragen oder Vorschlägen bei Ihnen. Eventuell erstelle ich sogar ein Video, in dem ich Ihre Frage ausführlich beantworte.

Ich wünsche uns allen, dass wir immer mehr Weisheit und Verständnis entwickeln.“

Gene Hart

EMPFOHLENE LITERATUR

Der multidimensionale Mensch von Jürgen Ziewe

Auch wenn es kein direkter Leitfaden für Astralreisen ist, dieses Buch ist Inspiration pur auf dem Weg zur außerkörperlichen Erfahrung. Es ist schlichtweg ein Meisterwerk, und ich empfinde Jürgen Ziewe als einen der modernen Väter der außerkörperlichen Erforschung des Jenseits. Wenn Sie tiefgreifende Erfahrungen machen möchten, kann ich es nur empfehlen, sowie Ziewes andere Bücher über Meditation und Bewusstseinserweiterung.

Hacking the Out of Body Experience von Robert Peterson

Dies ist eines der umfassendsten Werke über AKE-Techniken. Wenn Sie ein Buch über unterschiedliche Methoden suchen, das auf einem wissenschaftlichen Ansatz basiert, dann sind Sie hier genau richtig.

Die Macht des Jetzt von Eckhart Tolle

Obwohl es in diesem Buch nicht explizit um Astralprojektion geht, lehrt es den Kern und die grundlegenden Prinzipien der Überwindung des Egos im alltäglichen Lebenskampf.

Wenn Sie sich mit Tolles Lehren identifizieren können, kann es eine fantastische Hilfestellung in puncto Bewusstseinserweiterung und Astralprojektion sein.

Fortgeschrittene Yogaübungen von Yogani (**aypsite.com**)

Dies ist ein wunderbares Handbuch mit leicht zu lesenden authentischen Meditations- und Yogaübungen. Ich finde es unbedingt lesenswert, insbesondere wenn Sie auf der Suche nach weiteren Übungen sind, die Sie in Ihre meditative Praxis einbauen können. Das Kapitel „Tantra“ gibt wertvolle Einblicke in die sexuelle Kultivierung und die Technik des Pranayama.

Taoistische Geheimnisse der Liebe: Die Kultivierung der männlichen und weiblichen Sexualenergie von Mantak Chia

Hierbei handelt es sich um zwei verschiedene Bücher, die spezifisch für den Mann und die Frau geschrieben wurden. Beide Werke beschäftigen sich mit den Praktiken für die Nutzung der sexuellen Energie und geben wertvolle Einsichten und Ratschläge.

Die Lehren des Don Juan von Carlos Castaneda

Dieses Buch wurde von dem berühmten amerikanischen Anthropologen Carlos Castaneda geschrieben. Es handelt von seiner eigenen spirituellen Reise, die beginnt, als er einen indianischen Schamanen kennenlernt, der ihn als Schüler annimmt. Wenn Sie einen eher mystischen Ansatz suchen, ist dies ganz sicher Ihr Buch. Es ist voller tiefgründiger Weisheiten, die sich direkt auf unsere Wahrnehmung der Welt beziehen. Carlos Castaneda hat zahllose interessante Bücher über seine spirituellen Erfahrungen geschrieben. Mein gnostischer Lehrer kannte Don Juan und seine Familie persönlich, da er aus demselben Dorf in Sonora, Mexiko, stammte.

Don Juan und die Kunst der sexuellen Energie: Die Regenbogenschlange der Tolteken von Merilyn Tunneshende

Wenn Sie ein Fan von Carlos Castaneda sind, empfehle ich Ihnen auch die Bücher von Merilyn Tunneshende. Sie war Don Juans zweite Schülerin, die meines Erachtens viel erfolgreicher und erleuchteter im Verständnis seiner Lehren war. Dieses Buch enthält Schritt-für-Schritt-Traumübungen sowie schamanische Praktiken in Bezug auf die sexuelle Energie.

Marianne Lüscher

Gefangen in den Zwischenwelten

Mit Engelhilfe Seelen erlösen

Berührende Protokolle von Seelen im Jenseits, die teilweise seit langer Zeit in den Zwischenwelten ausharren. Da ist Peter, ein Hugenotte, der seinen Peinigern nicht vergeben kann oder Rosalie mit ihrem unehelichen ermordeten Kind. Gründe nicht ins Licht zu gehen gibt es viele: Liebe für Familienmitglieder, erlittene körperliche oder seelische Verletzungen, Reue, Unwissenheit über den Ist-Zustand und vieles mehr. Erlösung finden diese Seelen durch Erkenntnis mit Hilfe der Erzengel und der medialen Autorin.

158 Seiten € 15,95

ISBN 978-3-946959-23-6

Bettina Hausmann

Befreiung erdgebundener Seelen

Verstrickungen und Schuldgefühle lösen

Nicht nur Lebende leiden unter Schuldgefühlen und emotionalen Verstrickungen. Auch Seelen, die sich deswegen nicht von der Erde lösen können und im Zwischenbereich hängen bleiben. Viele von ihnen melden sich seit Jahren in der Therapiepraxis von Bettina Hausmann und bitten um Hilfe, um befreit ins Licht gehen zu können.

128 Seiten € 10,90

ISBN 978-3-946959-03-8